Bilgiye

Fikre

İnsana

Tabiata

ve Kitaba

aşina

Bize Yakışan

Mehmet Dinç

Editör:
Furkan Özkul

İç Tasarım:
Mehmet Taha Ersöz

Kapak Tasarımı:
Neslihan Karagöz

Yayın Danışmanı:
M. Lütfi Arslan

Genel Konsept Danışmanı:
Süleyman Ragıp Yazıcılar

Metin Editörü:
Nurcan Doğan, K. Beyza Kirenci

Musahhih:
Nurcan Doğan, K. Beyza Kirenci

Son Okuma:
Ender Ekim

Kültür Bakanlığı Sertifika No: 35433

ISBN: 978-605-06108-5-7

1. Baskı Ocak 2021

Baskı:
Erkam Yayın San. ve Tic. A.Ş
Tel: 0 212 671 07 07

Ⓡ **aşinakitap,**
Uluslararası Genç Derneği Ticari İşletmesi'nin tescilli markasıdır.
Aziz Mahmud Hüdayi Mah. Gülfem Sk. No: 22 Üsküdar / İstanbul
Tel: +90 216 532 00 41 / 42
www.asinakitap.com asina@asinakitap.com

@asinakitap

Bize Yakışan

Mehmet Dinç

Mehmet Dinç

İstanbul'da doğan Mehmet Dinç, lisans eğitimini Marmara Üniversitesi Psikolojik Danışmanlık ve Rehberlik Bölümü'nde, eğitim alanındaki yüksek lisansını RMIT Üniversitesi'nde, klinik psikoloji alanındaki yüksek lisansını Okan Üniversitesi'nde, doktorasını Marmara Üniversitesi'nde tamamlamıştır.

Daha önce Melbourne Üniversitesi'nde misafir akademisyen olarak bulunan Dinç aynı zamanda Türkiye Yeşilay Cemiyeti Yönetim Kurulu Üyesi, Kültür Toplum ve Aile Derneği Yönetim Kurulu Üyesi, Dulwich Centre Uluslararası Fakülte Kurulu Üyesidir.

"İnternet Bağımlılığı", "Gençliğe Kitabe", "Yanı Başımız Hayat" , "Bırakma Kendini", "İyi Gidiyorsun" ve Prof. Dr. Kemal Sayar ile birlikte yazdıkları "Psikolojiye Giriş" adında 6 kitabı ve 8 kitap bölümü bulunmaktadır.

İçindekiler

Bize Yakışan

Bir konuda kafam net. İnsan en az bir değerle özdeşleşmeli. O değeri hayatının merkezine almalı. Her davranışında o değerden bir iz görünmeli. Kendisi varlığıyla o değerin mücessem hali olmalı. Aynı Hz. Ebubekir (r.a) dendiğinde hemen aklımıza sadakatin, Hz. Ömer (r.a) dendiğinde adaletin, Hz. Osman (r.a) dendiğinde hayanın, Hz. Ali (r.a) dendiğinde cesaretin gelmesi gibi. Bunun böyle olmasının hayatı istediğimiz ve doğru bulduğumuz haliyle yaşamamıza çok yardımcı olacağına inanıyorum. İnandıklarımızla istediklerimiz arasındaki uçurumu, istediklerimizle işlediklerimiz arasındaki farkı kapatacağını düşünüyorum. Bu fark kapanırsa da birçok sorunumuz doğal olarak hallolmayacak mı? Ki varlığımızın en büyük meselesi doğrularımızla yaşamak olduğu halde en çok zorlandığımız konu doğrularımızla yaşamak noktasında kendimize güç yetirememek değil mi? Nice zamandır bunları kafamda döndürüyordum da bir kıvama getirip rafine edemiyor, çok kısa ve net şekilde dile getiremiyordum. 25 yaşında bir genç sağ olsun çözdü derdimi.

Şöyle oldu; bir genç kardeşimiz, randevu alıp gelmiş. Çok kısa bir girişin ardından lafı dolandırmadan hemen konuya girdi. "Ben internetten porno sitelerini izliyorum uzun zamandır. Artık istemiyorum" dedi. Sordum "Ne oldu ne değişti, neden istemiyorsun?". "Dindar bir insan değilim.

Bu yüzden dini bir sebep söyleyemeyeceğim. Ancak uzun zamandır izlediğim için çerçeve her geçen gün genişledi ve takip ettiğim siteler bana daha farklı öneriler sunmaya başladı. Ben bir düşündüm ve sonra dedim ki kendime "bu bana yakışmaz, ben bununla yaşamak istemiyorum" ve tamamen bırakmaya karar verdim. Şunu biliyorum problem halen kontrol edilebilir düzeyde ve ben kurtulabilirim ancak biraz denedim fark ettim ki tek başıma olmuyor, sizden yardım istemek için geldim" dedi. 3 dakikadan az bir zamanda 3 önemli duruş gösterdi bana bu genç kardeşimiz.

Birincisi farkında olsun ya da olmasın her insan en az bir değeri kuşanır. "Diyorum hepimizin bir gizli adı olsa gerek" diyor ya İsmet Özel, bence o gizli adımız kuşandığımız değerimizdir. Ki o değerli halimizle bize yakışmayan bir şey yaptığımızda hesaplar tutmaz olur. Sağır kalmadıysak tamamıyla kalbimize, sebebi belirsiz bir rahatsızlık hissetmenin ötesinde kalbimizin nasıl çırpındığını duyarız. Biraz daha üzerinde durunca da genç kardeşimiz gibi "bu bana yakışmaz" deyip çekiliriz izzeti ikbal ile o değerimize aykırı davranışlardan. Ne kadar zevk verirse versin hatta belki başka bağlamlarda para, imkân, makam kesbinin yolu olarak gözükürse gözüksün bize yakışmadığı için bilerek, isteyerek, severek, seçerek el çekeriz o davranışlardan. Nazım Hikmet diyesi; "hem de hiç kimse bizi buna zorlamamışken." Yani değerlerimiz bize güç verir, duruş verir, imkân verir. Bu güçle, bu duruşla, bu imkanla biz, "bize yakışan nedir ?", "bize yakışmayan nedir?", bilip yakışanı kuşanıp, yakışmayanı bırakabiliriz.

İkincisi bu genç kardeşimiz ne kendinden ümidi kesmiş ne probleme karşı kullanabileceği gücünden. Bizden destek almak için gelenlerle ilgili en sık yaşadığımız zorluk ya kendinden ümidi kesmiş, artık kendiyle ve hayatlarıyla alakalı hiçbir güzelliğin ve doğruluğun olmayacağına inanmaları ya da problemlerini çok büyük ve güçlü görüp problemlerinden daha güçlü olabileceklerine inanmamaları oluyor. Halbuki insan tutunsa bir değere sonra dursa ve düşünse; ezberlerini unutup gerçeklerini görse, bilse ki ne küçüktür bir problem değerli bir insana karşı ve ne güçlüdür insan bir kez değerlenince. İşte o zaman bir Süleyman Çobanoğlu olup gönül rahatlığıyla diyebilir kendine "senin ince gönlünü hangi kış kırabilir" diye.

Üçüncüsü insanın derdini görmesi, kendini görmesi, derdinin üstesinden gelmek için tek başına hamle yapıp başaramayınca vazgeçmemesi, kendine yakıştıramadığı derdiyle utanarak yaşamak yerine, utanmayı aklına getirmeden derdini paylaşıp yardım istemesi hepimize lazım özelliklerdir. Odada koca bir fil gibi bir problem var, yok sayamazsın. Ancak kabul de etme. Bir yolunu bulup çıkarmaya çalış odandan. Baktın tek başına olmuyor yardım iste bir bilenden. Ayıp değil bir derde düçar olmak, ayıp olan kendine yakışmayana teslim olmak, kabullenip hayatına onunla devam etmeye çalışmak.

Hülasa minnettarım ben o genç kardeşime ki bir büyük derdime derman oldu. Gördüm ki bir değer ile hemhal olmayı en güzel anlatan ölçü kişinin kendine yaptığını yakıştırmasıdır. Değerli olan insan yakıştırmaz kendine değersiz bir davranışı. Değerli olan insan vazgeçmez kendinden, inancını yitirmez kalbinden. Değerli olan insan ar etmez yardım istemekten, zaman harcar, para harcar, gayret harcar ki tek arzusu değersiz kalmasındır.

Yaşadığımız Kimin Hikayesi?

Hikaye meselesini önemsiyorum. Neden önemsiyorum? Bunu size başımdan geçen iki tane olayı paylaşarak bahsetmek isterim; 2018 senesinde, yurt müdürlerinden küçük bir gruba süpervizyon vermem istendi. Yurt müdürleri öğrenciler ile beraber çalışıyorlar. İlk oturumda; "Bir tanışalım. Herkes kendini bir tanıtsın." dedim.

Birinci kişi, "Benim adım şudur, şuralıyım, şuradan mezun oldum." dedi. Sonrasında ikinci kişi de aynı şekilde kendisini tanıttı. Böylece üç dakikada bitirdik tanışmayı. Dedim ki; "Yani sizin hakkınızda bir şeyler oluştu kafamda ama yeterli değil. Biraz daha kendiniz hakkında bir şeyler anlatır mısınız?" Biraz daha kendilerinden bahsettiler. Beş dakika sürdü bu sefer.

"Peki hikayenizi anlatır mısınız şimdi de? Bana kendi hikayenizi anlatın, hikayeniz ne? Tanışmakla bir yola varamayacağız." dedim. Bir saat sürdü ve beş-altı seneden beri gece gündüz beraber çalışan insanlar, "Aa o öyle miymiş, sen böyle miydin?" diye şaşırdılar.

Kim olduğumuz esasında kimlik bilgilerinden, üzerimizdeki etiketlerden ziyade hikayemizle beraber ortaya çıkıyor. Mesela bir şişe suyu düşünün. Üzerinde bir etiket var. Bu sadece etiketidir. Bunun bir hikayesi de var. Kar olmuş yağmış, toprakta erimiş, toprağa karışmış, kaynak suyu olmuş, o kaynaktan çıkmış, uzunca yollar kat etmiş, sonra bir şekilde ele geçirilmiş, şişelenmiş vs. konuşsa neler anlatır... Ama buna şişe su diye muamele etsek bir anda değerini düşürmüş oluruz. Kendimize ya da tanıştığımız diğer insanlara etiketler üzerinden bahseder, ilişki kurarsak, o insanın ya da kendimizin değerini baştan düşürmüş oluruz. Bununla beraber bir sürü şeyi de kaçırmışız demektir.

Yüksek lisans öğrencilerimize benzer bir soru sordum. "Bugün ne yaşadınız?" dedim. Bir tanesi; "Bugün uyandım, telefonumu evde unuttum. Geri döndüm. Sonra da derse geldim." dedi. Bu kadar. Bundan, bu insan hakkında ne fikir çıkartabilirsiniz? Hemen arkadaşlarına sordum: "Arkadaşlar, bu kadar paylaşımdan ne çıkartabilirsiniz arkadaşınız hakkında?" Kahvaltı yapmaya dikkat eden birisi, unutkan birisi, derse gelen birisi gibi şeyler söylediler. Çok bir şey çıkmadı. "Peki bana bugünün hikayesini anlatır mısın?" dedim. Biraz düşündü sonra başladı anlatmaya.

"Sabah kalktım, bugün hava nasıl olacak diye pencereden gökyüzüne baktım. Sonra gökyüzüne bakmak hoşuma gitti, biraz daha baktım. Sonra gittim yüzümü yıkadım, kahvaltımı yaptım. Biraz takıldım, evdekilerle şakalaştım. Sonra çıktım, otobüse bindim, otobüsün en arkasına oturdum -genelde en arkaya oturuyorum-. Arkadan daha çok şey görüyorum insanlar hakkında, insanları gözlemem daha mümkün oluyor. Sonra pencereden dışarıyı seyrettim. Tam yanımda çocuklarını okula götüren bir anne gördüm, arabanın içerisinde. Arka koltukta çocuklarla göz göze geldim. Onlarla işaretleştik, hareketler yaptık. Güldük. Çok eğlendim, neşe verdi çocukları öyle görmek. O sırada yağmur yağmaya başladı. Üniversiteye geldik, otobüsün kapıları açıldı. Kapılar açılır açılmaz yağmurdan dolayı toprak kokusu otobüsün içine doldu. O toprak kokusunu güzelce bir içime çektim 'Özlemişim' dedim. Çünkü yazdan kışa geçiyoruz. Sonra da şöyle bir etrafa baktım. 'Acaba bu güzel toprak kokusunu benden başka kim fark etti?' diye. Böyle birisini görmedim. Sonra çıktım, sınıfa geldim." diye anlattı.

Şimdi bir "telefonumu evde unuttum, geri döndüm, sınıfa geldim" hikayesi var. Bir de bu anlattığımız hikaye. İkisi arasında çok fark var.

Bizler bir hikayenin içerisindeyiz. Fark ediyoruz, etmiyoruz, görüyoruz, görmüyoruz. Ama görmediğimiz zaman, bunun bedeli bize ağır oluyor. Ezbere, otomatik bir yaşam, makineleşmiş bir hayat içerisinde kendimizi buluyoruz.

Tanışalım Ama Nasıl?

Kendini, dapdar çerçeveler içinde özetleyen insan sayısı, geniş bir şekilde hikayesini gören insan sayısından çok daha fazla. Bu neye sebep oluyor? En çok kendi hikayemize uzak kalmaya ve bize verilen başka rollere, başka hikayelere girmeye sebep oluyor. O yüzden bu bir mesele. Bununla alakalı güzel bir söz var. "Dinle, biraz nefes alıp sonra buna hayat mı diyorsun?"[1] Bu hayatta bir şekilde yaşayacağız, nefes alıp vereceğiz, bir rolümüz olacak.

Acaba rolümüz, kendi hayatımızdaki rolümüz, bizatihi yaşadığımız, içinde var olduğumuz, bize özel olan rolümüz; kenarda, köşede figüran bir rol mü, yoksa o bize özel hikayenin içerisinde hak ettiğimiz başrol mü? Bu, nefes alıp vermekten öte bir şey yapmaya bağlı. Onun ötesinde bir şeyler yapmamızı gerektiriyor. En başta yapmamız gereken de kendimizi doğru konumlandırma meselesi.

Kendimizi doğru konumlandırırken şöyle bir düşünelim; bütün, büyük bir dünya var, büyük bir evren var. Biz o dünyanın, o evrenin içerisindeyiz. Acaba bu evrenin içerisinde neredeyiz? Bakın böyle bir bilgi var, diyor ki:

---

[1] *Mary Oliver*

"Şayet dolabınızda yemek varsa, üzerinizde elbise varsa, başınızın üzerinde bir çatınız varsa, uyuyacak yeriniz varsa dünyanın yüzde 75'inden daha zenginsiniz." Bir de buradan bakalım kendi hikayemize, konumumuza neredeyiz?

"Şayet bankada paranız varsa, cüzdanınız varsa ve cebinizde biraz bozukluk varsa dünyanın en zengin yüzde 18'inin içindesiniz."

"Şayet bugün hastalıktan çok sağlıkla uyandıysanız, bugün hayatta kalamayan milyonlarca insandan daha şanslısınız."

"Şayet hiçbir şekilde savaş, hapis veya işkence tecrübe etmediyseniz; şu anda yaşayan 500 milyon insandan daha şanslısınız."

"Şayet bunu, bu mesajı okuyabiliyorsanız, anlayabiliyorsanız, bunu okuyamayan üç milyar insandan daha şanslısınız." Şu bilgiyi bilmesek ve kendimizi hikayemizin içinde, evrenin içerisinde, dünyanın içerisinde konumlandırmaya çalışsak belki kendimizi bu kadar şanslı, bu kadar nasipli olarak konumlandırmayız. Bu kadar çok artısı, bu kadar çok sahip olduğu şeyi olan bir insan olarak konumlandırmayız. Ama bu şekilde konumlandırmazsak bazı şeyleri de kaçırmış oluyoruz. Çünkü bakıyoruz, hakikaten dünyanın yüzde 75'inden daha zengin olduğumuz gerçeği ile karşı karşıyayız. Bu bizi, hikayemizi doğru konumlandırma konusunda biraz daha aktif hale getirmesi gereken bir gerçek.

Dünyamızın Hikayesi

Türkiye'de yaşayan sıradan bir insan dünyanın çok kötüye gittiğini düşünüyor. İnsanlar bozuldu, perişanlık, açlık, savaşlar, göçler... Dünya çok kötüye gidiyor deniliyor. Ama baktığımızda rakamlar başka bir şey söylüyor.

"Son 30 yılda, beş yaş altı çocuk ölümleri dünya çapında yüzde 53 oranında düşmüş." Çocuklar, doğduktan sonra artık hayatta kalabiliyorlar büyük oranda. Çok ciddi bir düşüş var, milyonlara varan rakamlar söz konusu. Bu çocuklar 30 yıl önce ölüyorlardı. Ama artık bu çocuklar ihtiyaç duydukları sağlık hizmetini alabildikleri için sağ kalabiliyorlar.

"Son otuz yılda aşırı yoksulluk yaşayan insan sayısı 1 milyar 850 milyondan 767 milyona düşmüş." Güzel ve insanı mutlu eden bir gelişme.

"2018 yılında 295 bin kişi her ay ilk kez elektriğe kavuştu." Elektrikle beraber insanların hayatı kolaylaşmış oldu. Bu taraftan baktığımızda dünyanın çok güzel bir yöne giden hikayesi var. Ama hikayenin başka bir tarafı daha var. O taraf ne diyor?

"2016 yılında bir milyarın üzerinde insanın ruh sağlıkları veya bağımlılık ile ilgili ciddi sorunlar yaşadıklarını görüyoruz." Her altı-yedi insandan bir tanesi ciddi bir ruh sağlığı problemi yaşıyor. (Tanılı olmayanları bilmiyoruz.) En yaygın olanı kaygı bozuklukları. İnsanların ciddi anlamda kaygıları var, güvensizlikleri var. İçlerinin rahat etmemesi söz konusu. Ortalama yüzde 4 oranında insanlar, hastalık denecek kadar kaygılılar. Sonrasında da depresyon, alkol ve madde bağımlılıkları geliyor.

Hikayenin bir de bu tarafı var. Hikayenin sadece bu tarafına odaklansak yanlış yapmış oluruz. Çünkü hikayenin tamamı bu değil. Ama sadece diğer tarafına odaklansak da yanlış yapmış oluruz, hikayenin tamamı bu tarafı da değil. Hikayeyi bir bütün olarak görmemiz gerekiyor ki hem dünya için, hem kendimiz için doğru bir şekilde kendimizi konumlandırıp, hareket etme imkanına sahip olalım.

"İnsanları yerlerinden, yurtlarından etmek istiyorsanız, sahip oldukları her şeyi kaybetmelerine sebep olmak istiyorsanız, bunun en kolay yolu hikayeyi ikinci bölümden başlatmaktır."

Hayatlarımız ve Hikayelerimiz

Hikayelerimizle alakalı iki tane çok önemli şey var. Bunlardan bir tanesi şu; "hepimizin hayatı çoklu hikayelerden oluşur, bir tane hikaye değiliz biz." *Dokuz Yüz Katlı İnsan*[2] isimli bir kitap var. İnsan dokuz yüz katlı, belki dokuz bin katlı, belki doksan bin katlı. Renk renk, çeşit çeşit hikayemiz var içerimizde. Bu hikayeleri görmeye, anlamaya çalışmamız lazım. Kendimizle yeniden hikayelerimiz üzerinden tanışmamız, konuşmamız, dertleşmemiz, kendimizi anlamaya çalışmamız lazım. Nerede durduğumuzu, niye durduğumuzu...

Baskın Hikaye

İkincisi, biz baskın hikayelerimiz değiliz. Baskın hikaye; kendimizle alakalı çokça düşündüğümüz, çokça duyduğumuz hikayeler. Bir şekilde o hikayenin kalıbına girmeye çalışıyoruz. O kalıpta kendimizi var etmeye veya kabul etmeye çalışıyoruz. Bir sürü alternatif hikayemiz de var. O yüzden kendimizle alakalı hikayemizi düşündüğümüzde aklımıza negatif şeyler geliyorsa bir duralım. Alternatif hikayelerimiz neler olabilir, onlara bakalım. Çoklu hikaye ve baskın hikaye noktasında sağlıklı bir şekilde düşünebilmek için hikayemizi nereden başlattığımız önemli. Hikayeyi zengin olarak görebilmek çok önemli.

Filistinli şair Mourid Barghouti'nin çok güzel bir sözü var. Diyor ki; "İnsanları yerlerinden, yurtlarından etmek istiyorsanız, sahip oldukları her şeyi kaybetmelerine sebep olmak istiyorsanız, bunun en kolay yolu hikayeyi ikinci bölümden başlatmaktır."

[2] *Dr. Mustafa Merter, Kaknüs Yayınları*

En kötü gerçek, en kötü yalan, yarım gerçektir. Yalan olduğunda yalan olduğunu bilirsiniz. Ama yarım gerçek olduğunda, yalan mı, gerçek mi? "Aslında kısmen gerçek" dersiniz. Daha kötü, daha tehlikeli bir durumla karşı karşıya kalmışsınız demektir. Hikayemizi nereden, nasıl başlattığımız çok kritik bir öneme sahip.

100 yıl önce sömürü dünyası vardı. Avrupa ülkeleri Afrika'yı ve birçok ülkeyi sömürdüler. İnsanları köle haline getirdiler, eziyetler ettiler. Her şeylerine el koydular. Bu hikayeyi Avrupalıların gelişinden, işgalinden başlatmazsanız da Afrikalıların gelenlere ok atmalarından başlatırsanız hikaye bambaşka bir boyuta girer. Gönlünüz, duygularınız, düşünceleriniz bambaşka şekillenir.

Bir diğer taraftan hikayeyi Avrupalıların gemilerle gelip onlara "hoşgeldin" diyen insanları tutuklayıp, eziyet edip, öldürüp veya işkence edip köleleştirdikleriyle başlatırsanız o zaman bambaşka düşüncelere, duygulara sahip olursunuz. Kendimizle alakalı da böyle.

Şöyle bir cümle düşünün, "Bana vurdu, ben de ona vurdum." bu bir hikaye. Hikayenin baş kısmını kesip sonuna gelsek, "Ona vurdum." Nasıl bir duyguya, düşünceye sahip oluruz? "Bana vurdu, ben de ona vurdum." hikayesini tam olarak alsak nasıl bir duygu düşünceye sahip oluruz? Herkesle alakalı böyle ama, kendi hikayemizi düşünürken nereden başlattığımız, nerede durduğumuz, nerede bıraktığımız çok kritik öneme sahip.

İlk olarak, hikayemiz zengin bir hikaye, tek bir hikaye değil. Ve hikayemiz baskın hikayeden ibaret değil. Bir sürü boyutu, katmanı, şekli şemaili var. Bu hikayeyi nereden başlattığımız kritik öneme sahip. Ortadan başlatırsak sıkıntı yaşıyoruz, fakir bir hikaye oluyor, onun ötesinde yanlış bir hikaye oluyor. Çünkü baktığımızda bizim hayatımıza iyi gelecek, peşinden koştuğumuz cevap esasında hikayenin tamamında gizli, bir parçasında değil.

Büyük bir hikaye var, o hikayenin içerisinde küçük bir nokta var. Sadece o küçük noktayı görürsek bir sürü şeyi kaçırmış oluyoruz; kendi hayatımızda, kendi benliğimizde, kendi tarihimizde ve geçmişimizde.

Kimin Hikayesini Yaşıyoruz?

İsmet Özel bir şiirinde diyor ki; "Başkalarının aşkıyla başlıyor hayatımız / Ve devam ediyor başkalarının hınçlarıyla" Şöyle bir düşünelim, kalplerimizi yoklayalım. Duygularımız var, bazı insanları seviyoruz, bazı insanları sevmiyoruz. Bu sevgimiz ya da sevgisizliğimiz hakikaten kendimizin mi? Kendi hikayemizde bir karşılığı olan sevgi mi, sevgisizlik mi? Yoksa ithal mi etmişiz? Başkasının hikayesiymiş, bana söylemiş, bana ithal etmiş. "Bunlar sevilmez, bunlar iyi, bunlar kötü, bunlar doğru, bunlar yanlış mı?" demiş. Yoksa hakikaten bu hikayeyi ben düşünüp, emek verip üretmiş miyim? Düşüncelerimiz acaba sahip olduğumuz düşünceler mi, geliştirdiğimiz düşünceler mi, hikayelerimizle karşılığı olan düşünceler mi? Yoksa bir şekilde dünyamıza atılmış, bırakılmış, farkında olmadan aldığımız, bize ait olmayan şeyler mi? Bunlara bir bakmamız lazım. Çünkü hikaye bizim hikayemiz. Niye başkasının hikayesini yaşıyor gibi davranalım; başkasının nefretini, sevgisini taşıyalım, kendi hikayemiz varken.

Hikayelerimiz sadece bizim hayatımızı yansıtmaz, aynı zamanda hayatımızı şekillendirir. Benim geçmişteki hikayelerimi fark etmem, geçmişteki hikayelerimi bilmem, anlamam, hikayemi yarın nasıl yaşayacağımı da belirler. Ben geçmişten sadece baskın hikayelerimi alıyorsam ya da bana ait olmayan düşünceleri duyguları bugüne aktarıyorsam, yarın da başka bir hayat yaşayacağım, kendime ait olmayan bir hayatı yaşayacağım demektir. Çünkü dün, dünden ne aldığım yarınımı olduğu gibi baştan aşağı şekillendirecek demektir.

Şu insanlara güvenmiyorum. Niye? Şöyle bir şey yaşamıştım. Geçmişten bunu almışım. Ama aynı insanların on tanesinden de bir iyilik almışım. Fakat yarına taşıdığım, güvensizlik olacak. Dünyayla alakalı da böyle, kendimle alakalı da insanlarla alakalı da böyle.

Depresyonun üç tane ayağı var; insanın kendisiyle, geleceğiyle ve dünyayla, başka insanlarla alakalı negatif düşünmesi. Bu üç ayak, bizim hikayemizde güçlü bir şekilde baskın hikaye olarak varsa problem yaşarız. Depresyona gireriz, başka türlü sıkıntılar yaşarız. Ama geçmişteki hikayelerimizi bu üç ayağı doğru bir şekilde okuyup oturtturduysak o zaman biraz daha yarınlarımızı şekillendirmemiz mümkün olabilir.

Dilimizde kimin hikayesi var? Eşler, arkadaşlar, aileler bir araya geliyorlar. Konuştukları ne? Kim aradı, sordu? Kim, ne yaptı? Kim, nereye gitti? Kim, ne dedi? Kim, nereye geldi, nereye gitti? Buna benzer, genişletelim de genişletelim. İki eş, iki birbirini seven insan, iki birbirine yüreğini, gönlünü, her şeyini açmış insan bir araya geliyor ve konuştuklarının yüzde 95'i başkaları hakkındaki şeyler.

İki anne ve baba, baba ve çocuk, anne ve çocuk bir araya geliyorlar; konuştukları her şey başkaları hakkında. İki tane birbirini çok seven arkadaş bir araya geliyor; hep başkaları hakkında konuşuyorlar. Bir süre sonra ne oluyor? En temelinden, en basitinden uzaklaşma başlıyor. "Tanıdık" ama tanıdık. O kadar. Eş de olsa tanıdık, aile de olsa tanıdık, arkadaş da olsa tanıdık oluyor. İlişkide bir noktanın ötesine geçememeye başlıyoruz. Bu sefer ne oluyor? Bu dönemin en büyük sıkıntısı oluyor. Etraf çok kalabalık, telefon defteri dolu, ajanda da yer yok birisini koyacak, görüşecek ama dost bulamıyor, arkadaş bulamıyor, yaren bulamıyor, refik bulamıyor. Bu kelimeler zaten kayboldu sözlüğümüzde. Niye? Karşılığı olmadığı için. Çünkü bir araya geldiğimizde, eşimizle, dostumuzla, arkadaşımızla, ailemizle hep başkalarını konuşmuşuz.

Hikayeler üzerine bir gün, bir radyo programı yapıyordum. Bir arkadaşım da radyo programını sunuyor. Dedim ki; "En kör olduğumuz şeylerden bir tanesi kendi tarihimiz, kendi ailemizin tarihi. Her şeyi biliyoruz: Birinci Dünya Savaşı, İkinci Dünya Savaşı, Sovyetler Birliği'nin tarihi, Avrupa ülkelerinin tarihleri, Amerika'nın kuruluşu vs.... Bir sürü şey biliyoruz. Zihnimizde bir sürü bilgi var. Ama acaba benim annemin-babamın tarihi nedir? Çok az şey biliyoruz."

Bunun üzerine arkadaşım gitmiş annesiyle üç saat röportaj yapmış. Kaydetmiş, diyor ki; "35 yaşındayım, hiç bilmediğim şeyler öğrendim annem hakkında. Sizinle konuşmasaydık bilemeyeceğim şeyler. Çünkü biz bir araya geldiğimizde hiç bunları konuşmuyoruz. Ama iyi ki konuşmuşum, iyi ki kaydetmişim. Çocuklarıma da anlatacağım, aktaracağım, çocuklarımın da bunları bilmesi lazım."

Hikayelerimizin şöyle bir şeyi var. Psikolojide Narrative Terapi diye bir ekol var. Diyor ki bu ekol; "Bir insan bünyesine yaşadığı bütün problemlerle başa çıkabilecek becerileri ve bilgileri saklar. Ya onu yaşamıştır daha önce, güzel bir şekilde mücadele etmiş, ondan bir şey çıkarıp öğrenmiştir. Ya da onun babası-annesi bir şekilde yaşamış ve cevap vermişlerdir." Ama o bilginin, o becerinin tarihini bilmezsek nasıl uygulayacağız yarınlarımıza, o problemle karşılaştığımızda? Bilmediğimiz için, dışarıdan başka güçlere, başka haplara ihtiyaç duyuyoruz. O haplar da bize şifa olmuyor genelde. Halbuki kendi tarihimizde, kendi anne-babamızda bu gücün, bu bilgeliğin, bu bilincin hikayesi sırları var.

Bilge birisi; "Ben kötü bir şey başıma gelene kadar ondan korkarım. Gelmesin diye korkarım. Ama başıma geldikten sonra ondan korkmam. Çünkü Allah başıma verdiyse onu kaldırabilirim. Onu kaldırabilecek gücüm olduğu için başıma vermiştir. Buna da inanırım." Bu ne demek? Bende varsa, bu bende olanıyla başa çıkabilecek bilgi, beceri, tecrübe de var. Allah bir dert verdiyse, çözümünü de veriyor. Bende var o çözüm. Dert verdiyse devasını da veriyor. Bende var o deva. Hastalık verdiyse şifasını da veriyor. Bende var o şifa. Yeter ki ben kendimi, hikayemi, geçmişten bugüne doğru bir şekilde konumlandırmış olayım.

İkinci olarak bilmemiz, dikkat etmemiz gereken şey; kimin hikayesini konuşuyoruz, anlatıyoruz? Dostoyevski'nin bu konuda çok güzel bir sözü var; "Nasıl yaşıyorum dersin, anlatacak hikayen yoksa."

Kendimize ait konuşacağımız, anlatacağımız bir şeyler yoksa; hep konuşmamızın içeriği başkalarıysa nasıl yaşıyoruz biz? Nasıl var oluyoruz? Biz var olmayalım, o var olsun o zaman. Hep onun hikayesi varsa gündemimizde, dilimize geliyorsa, paylaşımımıza giriyorsa nasıl biz varız? Nasıl yaşıyoruz? Varız diyorsak, hayattayız diyorsak, bize dair bir hikayenin de olması lazım dolaşıma giren, dilimize dökülen, kalbimize gelen.

Hikayemizi Kim Anlatıyor?

Çok güzel bir söz var, "Aslanlar kendi tarihlerini yazana kadar av hikayeleri, hep avcıların zaferiyle bitecektir." Medeni Avrupa(!) diyoruz değil mi? 50 yıl, 100 yıl önceye gidelim. 1700'lü yıllarda Fransa'da en popüler eğlence; Paris caddelerine kocaman bir kızgın sac koymak ve kedileri onun üzerine atıp orada eziyet çekmelerine insanların kalabalıklar halinde toplanması, kahkaha atması...

Yanan bir can var, herkesin gözü önünde eziyet çekiyor. İnsanlar bunu en "popüler eğlence" olarak kabul ediyor. "Medeni Avrupa(!)" Hikayenin kim tarafından nasıl anlatıldığı önemli. Bunu bireysel olarak döktüğümüzde, bireysel olarak baktığımızda bizim hikayemizi kim anlatıyor? Üç tane alternatif var.

Birincisi, biz anlatıyoruz. İkincisi, başkası anlatıyor. Üçüncüsü, hiç anlatılmıyor. İkisi sıkıntı, bir tanesi değil. Başkası anlatıyorsa, bizi gördüğü, anladığı, fark ettiği şekilde anlatıyor. Ne kadar ne anlatıyor, bilmiyoruz. Hiç anlatılmıyorsa o da sıkıntı.

Bizim kültürümüzde insanın kendini övmesi, kendini anlatması çok yoktur. Ayıp kabul edilir. Halbuki çok doğru olan tarafları var. Fakat bu, öğrendiğimiz derslerin, yaşadıklarımızın, hissettiklerimizin ifade edilmemesi, hissettirilmemesi, paylaşılmaması anlamına gelmez. Çünkü birbirimizden öğreneceğimiz çokça şey var. O yüzden bu paylaşımın gerçekleşmesi lazım ki beraberliğimiz birbirimize deva olsun, şifa olsun. Şifayı çok uzaklarda, devayı çok ıraklarda aramayalım. Yakınımızdaysa yakınımızdan bulalım.

Kendi hikayemizi kendimizin anlatması kritik öneme sahip. İki arkadaşız. Arkadaşım beni hakikaten tanıyor mu, biliyor mu? Geçenlerde bir arkadaşım beni bu konuda uyardı. "Sen herkesi kendin gibi zannediyorsun. Bir şey olduğunda insanlar iyi düşünürler, iyi bakarlar, iyi görürler diye düşünüyorsun. Ama insanlar iyi düşünemeyebiliyorlar. Kötü insan olduklarından değil, insan olduklarından." dedi. O yüzden bazen anlatmakta, konuşmakta fayda var diye bana ders verdi. Aldım o dersi.

Anlatmamız lazım. Eşimize, dostumuza ailemize anlatmamız lazım. Ne hissettik, ne düşündük, ne yaşadık, ne yaşıyoruz, ne hissediyoruz, ne hayal kuruyoruz, ne ümitlerimiz var? Ailemiz, eşimiz, dostumuz... En yakınımız dediğimiz insanlar bilmiyorsa, tahmin etmeye çalışıyorlar, başkaları anlatıyor hikayemizi ya da anlatmıyor. "Beni yanlış tanıyorlar, beni yanlış anlıyorlar, niye böyle oluyor, anlamıyorum." demeyelim. Biz anlatmazsak hikayemizi, başkaları başka şekilde anlatacak ya da anlayacak.

"Anlattığımız hikayelerle dünyayı oluştururuz. Dolayısıyla dünyayı değiştirmek istiyorsanız, hikayenizi değiştirmek zorundasınız."[3] Çok güzel bir söz var: "Kişinin dudağına en yakın kulak kendi kulağıdır." Ne demek? Söylediklerimizden en çok biz etkileniyoruz, etkilenmemiz lazım. O yüzden eşimize, dostumuza, ailemize anlattığımız hikayeler esasında onları şekillendirdiği gibi bizimle alakalı, bizi de kendimizle alakalı şekillendiriyor. Kendimizi daha iyi anlamaya, daha iyi görmeye, daha doğru konumlandırmaya başlıyoruz. O yüzden bir şeylerden şikayet ediyorsak hayatımızda, birisine kendimizi anlatalım, kendi hikayemizi anlatalım; birisinin duymasından ziyade kendimizin duyması için. Çünkü, psikoterapide de bu böyledir, insanın anlatmaya konuşmaya ihtiyacı var, doğru görmesi için.

O kadar çok uyarıcının olduğu bir dünyada yaşıyoruz ki, kendi hikayemizle, yaşadıklarımızla alakalı düşüncemiz, konuşmamız hiç olmuyor gibi bir şey. Halbuki biraz konuşsak kendimizi daha iyi anlayacağız, daha iyi konumlandıracağız.

Zamanın birinde şöyle bir şey yaşadım. Telefonum çaldı, bir danışanım, doğudan bir şehirden geliyor. Dedi ki; "Abi acil görüşmemiz lazım." "Hayrolsun" dedim. "Yok, çok büyük olaylar var hayatımda. Acil görüşmemiz lazım." dedi. "İyi yarın hemen gel." dedim. Atladı uçağa geldi. Dünyanın parasını verdi. Son dakikada alınan bilet, maaşla çalışan bir insan. Ama hiç problem etmedi. Kıydı paraya, izin aldı, geldi. Oturdu karşıma. Ondan sonra yarım saat boyunca

---

[3] *Michael Margolis*

eşiyle yaşadığı bir olayı anlattı. Anlattıktan sonra, ben daha hiçbir şey demeden, "Ya esasında çok da mesele değilmiş. Çok basit bir şeymiş bu. Ben niye geldim, boş yere gelmişim. Tamam anladım. Çok sağ ol." dedi ve gitti.

Ne oldu? Kendisi duydu yaşadığını. Hikayesini kendisine anlatmış oldu, bana değil. O yüzden hikayemizi anlatmamız çok kritik öneme sahip. Herkesten önce kendimiz için. O yüzden hikayemizi anlatacağız. Hikayemizi başkasının bize anlatmasından önce bizim kendimize anlatmamız, özellikle sevdiğimiz, değer verdiğimiz insanlar için çok kritik öneme sahip. Öbür türlü ne oluyor? Başkasının anlattığı hikayeler bizi şekillendiriyor. Bir noktaya getiriyor. Ama öyle bir noktaya getiriyor ki; "İnsanlara artık kazanmak yetmiyor. Başkalarının kaybettiğini de görmek istiyorlar."[4] Çünkü başkası bizi anlattığında, başkalarıyla beraber anlatıyor. Kıyaslayarak anlatıyor, konumlandırarak anlatıyor. Halbuki bizim hayatımız, bizim imtihanımız.

Herkesin imkanı ve imtihanı farklı. Ama hikayeyi başkası anlattığı zaman, bizi bir sürü insandan, bir insan kendi gördüğü kadar hikayemizi, imtihanımızı, imkanımızı bilmeden; kıyaslayarak anlatıyor. Kazanan, kaybeden; doğru yapan, yanlış yapan; iyi insan, kötü insan diye sınıflandırarak, kategorileştirerek anlatmaya başlıyor. Bu sefer ne oluyor? Biz de o gaza geliyoruz. Biz de o insanların bizi koydukları kalıplara girmeyi kabul eder hale geliyoruz. Önde miyim, sonda mıyım; kazanıyor muyum, kaybediyor muyum; başka kim kaybediyor noktasına geliyoruz.

Sosyal medya ile alakalı yapılan bir çalışma var. Çalışmada, sosyal medya mutlu mu ediyor, mutsuz mu ediyor bakmışlar. Sonuç şu, çok fazla sosyal medya kullananları sosyal medya kesinlikle mutsuz ediyor. Peki insanları en çok hangisi mutsuz ediyor diye baktıklarında Instagram

---

[4] *Gore Vidal*

olduğunu görmüşler.

Instagram, insanları mutsuz ediyor. Niye? Kıyas yapıyor insanlar arasında. İnsan ister istemez, ona bakarak, kendi hayatını bilinçaltında kıyaslamaya başlıyor. Niye? Bir görüntü var, o resmin görüneni var, görünmeyeni var; söylediği var, söylemediği var; anlatmadığı var, anlattığı var, bizim anladığımız var.

Sosyal medya bizi mutsuz ediyor. Kıyaslamaya, kategorileştirmeye götürüyor. Bir hayat felsefesi vazediyor esasında. Bize bir hayat felsefesi veriyor; bir insanın ne yapacağı, nasıl yaşayacağı, nasıl hissettiği ile alakalı. Ondan sonra da bizim kendi hayatımızda bir yerlere gelmemiz bize yetmemeye başlıyor. Çünkü sistem öyle çalışmaya başlıyor, başkaları kaybetsin istiyoruz.

Facebook ile alakalı yapılan bir araştırma var. Onların algoritmasında, kişisel resimlerini paylaşanlar daha çok beğeni alıyorlarmış. Algoritma kişisel resimlerini paylaşanları daha yukarı getiriyor. O yüzden manzara resmi paylaştınız, çok önemli değil. Ama manzara resmine kendinizi koydunuz, Facebook sizi bir anda yukarı çıkarmaya başlıyor. Niye? O daha çok tutuyor, daha çok popüler oluyor diye. Fakat siz üste çıktığınızda ne oluyor? Kimse ağladığı resmi paylaşmıyor Facebook'ta değil mi? "Çok üzgünüm, ne kadar mutsuzum, ağlıyorum." diye resim paylaşan yok. Hep "güldük, eğlendik, yemek yedik, içtik, şurayı gezdik, burayı gezdik" diye...

Bu sefer ne oluyor? İnsanlarda algı kırılması yaşanıyor; hayat nedir, insan ne yapar diye. Hayat nasıl yaşanılır ile alakalı büyük bir illüzyona sebep oluyor. Ondan sonra da kapitalist toplumun istediği insan haline gelmeye başlıyorsunuz. Daha çok, daha çok, daha çok... Çok güzel bir ifade vardır "Dövüş Kulübü" filminde, diyor ki; "Sahip olmadığımız

Başkasını küçük yapmak sizi büyütmez.

parayla, ihtiyacımız olmayan şeyleri, sevmediğimiz insanları etkilemek için alıyoruz." Kredi kartlarında sahip olmadığımız bir para var, hayatımızda da bir sürü ihtiyacımız olmayan şey var ama alıyoruz. Çünkü sevmediğimiz insanları etkileyelim.

Niye? Çünkü sahip olmak yetmiyor, göstermek de gerekiyor. Göstermediği zaman var olamıyor. Ezberi o şekilde almış. Biz almayalım. Korumazsak kalbimizi, zihnimizi, biz de almış olacağız.

"Başkasını küçük yapmak sizi büyütmez." diye bir ifade vardır. İbrahim Tenekeci'nin çok güzel bir sözüdür, diyor ki; "Başkasını karalamak bizi daha beyaz yapmaz." Başkası aleyhine kötü konuşmak, kötü özelliklerini saymak, kötülüklerini etrafa yaymak bizi daha iyi, daha beyaz bir insan yapmaz. Ama bir noktaya geliyorsunuz, başkalarının hayatlarını konuşa konuşa, başkalarının yaptıklarını gündeme getire getire, paylaşa paylaşa, hayatımızın merkezine onu ala ala; onlar ezilsin, onlar kaybetsin, onlar yok olsun istiyorsunuz.

Kültürümüzde güzel bir söz vardır; "Bakarsan bağ olur bakmazsan dağ olur." Her şey için geçerli. Hayatımız için de geçerli, hikayelerimiz için de geçerli. Hikayelerimize, hayatlarımıza emek vermediğimiz için hayatımız perişan olmuş, başkası da perişan olsun istiyoruz. Halbuki başkasını konuşmak yerine, başkasının yapamadıklarını, edemediklerini, kötülüklerini, mutsuzluklarını vs. konuşmak yerine; kendi hikayemize bir odaklansak, kendi hayatımıza bir emek versek algımız, hayatımız ister istemez değişecek. Sonra keyif almaya başlayacağız.

Hikayelerimizi Kime Anlatıyoruz?

Hikayemizi anlattığımız insanlar devamlı bize; "iyi ama en iyi değil" diyorsa orada sıkıntı var. Çünkü hikayeler çevremizdekilerin onaylanması ile desteklenir. Bir tane danışanım vardı. Çocuk, İstanbul'da defalarca maratonda birinci olmuş, çok iyi koşucu. Babası getirdi; "Hocam ben oğlumla çok kavga ediyorum. Bu çocukta inanılmaz bir kabiliyet var. Çok yatırım yaptık. Bu yatırımın her türlü karşılığını verdi. Çok iyi bir atlet oldu. Devamlı ödül alıyordu. Bıraktı bu sene. Her şeyi bıraktı. Bütün kariyerini yıktı, mahvetti."

Niye? Çünkü sınıfta para etmiyormuş. Sınıfta herkes futbol oynuyormuş. Ve koşuyor olmak bir şey ifade etmiyor. O yüzden çocuk kötü bir futbolcu olmayı, iyi bir koşucu olmaya tercih etmiş. Çünkü çevresindekilerin dinlediği hikaye; futbol hikayesi, koşu hikayesi değil. Çevresindekilerin dinlediği hikaye futbol hikayesi olduğu için kötü bir futbolcu olmaya razı. Yeter ki dinlenilsin, yeter ki görülsün, fark edilsin, paylaşabilsin.

Hikayemizi kime anlattığımız, kendimizi nasıl şekillendirdiğimizle alakalı da çok kritik öneme sahip. Dinlememesi, duymaması gereken veya bizi yanlış bir şekilde yanlış bir hikayeye götürecek insanlarla hikayemizi paylaşmamamız lazım.

Kierkegaard'ın bu noktada çok güzel bir sözü var; "Mesele insanın gerçekten ait olduğu toprakta büyümesidir. Ama oranın neresi olduğunu bilmek her zaman kolay olmayabilir. Bu açıdan şanslı bazı insanlar vardır. Bunlar belli bir yöne eğilimlidir ve bu yön onlara bir kez gösterildi mi dosdoğru o yönde yola koyulur ve belki de tamamıyla farklı bir yol tutturmaları gerekiyor olabileceği ihtimaliyle canlarını hiç sıkmazlar. Bir de ötekiler vardır. Gelişimleri bütünüyle yakın çevreleri tarafından belirlendiği için gerçekte neyi hedeflemeleri gerektiğini asla tam olarak anlamazlar."

İsmet Özel'in bir şiiri[5] var. Diyor ki:

"Kaçırılmazsa, insanlar arasında bırakılırsa Yusuf

Bir gün, nasıl olsa, er geç

Güzelliğin yanı başına bir şehvet

Bir hüsran, bir hatıra

En azından insanların o hiç vazgeçmedikleri

Bir mukavemet eklenecekti.

Güzellik bulandıkça

Haz bulandırılacak

O zaman Hüsnü Yusuf'a bakan diyecek ki

Güzel; ama bir pürüz var

Güzel; ama başıma kim bilir ne bela açar

Güzel; ama daha temiz olabilirdi."

Hak etmeyen insana hikayemizi anlattığımızda "ama"lı konuşur bizimle. Ama'lı konuşan insanlardan uzak duralım. İyi ama, güzel ama, doğru ama, peki ama diye diye; oradan keser, buradan kırpar, acayip kılıklara sokabilir bizi.

Nasreddin Hoca'nın hikayesini biliyorsunuzdur. Hoca oğluyla köyden şehre gidiyor. Bir tane eşekleri var. Oğlunu bindirmiş. Bir grup insanın yanından geçiyorlar. İnsanlar diyor ki; "Aaa, büyüklere hiç saygı kalmamış. Yazıklar olsun. Yaşlı adam yürüyor, gencecik delikanlı eşeğe binmiş, keyifli bir şekilde gidiyor." Hoca diyor ki; "İn oğlum, yanlış oldu bu, ben bineyim." Biniyor, bir grup insanın yanından geçiyor. İnsanlar, "Boyundan posundan utan. Koskoca adamsın, küçücük çocuğu yürütüyorsun, kendin eşeğe binmişsin." diyor. "Oğlum yanlış oldu, gel ikimiz beraber binelim." diyor. İkisi beraber biniyorlar, bir grup insanın yanından

[5] *"Bir Yusuf Masalı" adlı şiiri*

geçiyorlar. İnsanlar diyorlar ki; "Utanmıyor musunuz? Zavallı hayvancık bu sıcakta iki insanı nasıl taşısın?" Hoca diyor ki; "Yanlış yaptık oğlum in aşağı." İniyorlar aşağı, yürüyorlar. Bir grup insanın yanından geçiyorlar. İnsanlar diyor ki; "Aaa, bunlar nasıl insan. Eşek boş gidiyor, bunlar yürüyor." Hoca, "Oğlum sırtlan eşeği biz taşıyacağız." diyor. "Başka yolu kalmadı. Bütün denklemleri denedik."

İnsanların özellikle bizim hikayemizi bilmeyen insanların, hikayemiz hakkında söz söylemesine izin verirsek ve bu söz söylemeyi kolaylaştıracak, mümkün kılacak şekilde onlara hikayemizi anlatırsak ama'lı konuşmalarla çok muhatap oluruz. O yüzden hikayemizi kime anlatacağımız da çok önemli.

İnsanlar anlattığımızdan bağımsız bizi dinlerler. Neye göre? Bizimle alakalı beklentilerine göre. "İnsanların bana verdiği bütün beklentileri geri vermeye karar verdim." Çünkü insanların bizimle alakalı kafalarında doğru-yanlış, tam-eksik bir çerçeve var; o çerçeveye, o beklentiye göre bizim anlattıklarımızı değerlendiriyorlar. Ardını çok fazla dinlemiyorlar.

Uzun uzun dinleyebildiğimiz, dikkatimizi bütün varlığımızla yöneltebildiğimiz konuşmalarımız çok azaldı. Bu sefer dinlemediğimiz zaman ne oluyor, duymadığımız zaman; anlattığından bağımsız biz başka bir şey söylüyoruz.

Mevlana Celaleddin-i Rumi'nin bir hikayesi var: "Adamın biri hasta ziyaretine gidecek, sağır. 'Kulaklarım az işitiyor, o yüzden hasta adamın ziyaretine gitmezsem olmaz ama dediklerini de çok anlayamam. En iyisi ben bir düşüneyim ne diyeyim ona.' Düşünüyor, 'Nasılsın, iyi misin?' diye sorarım o da; 'İyi çok şükür. Ne olsun.' der. Sonra ben de; 'Ooo çok iyi, çok iyi. Çok sevindim, derim' diyor. 'Ondan sonra sorarım doktorun kim diye.' O da bana bir isim söyler. Ben de morali iyi olsun diye, 'Ooo çok iyi doktordur, çok beceriklidir, işini tam yapar.' derim diyor. Ne ilaç verdiğini sorarım. O da bir ilaç söyler. Ben de moral olsun diye, 'Oo çok etkili bir ilaçtır. Çok yerinde olmuş, çok isabet olmuş. Çok iyi, iç onu. Aman hiç bırakma,' derim diyor. Adam hastanın yanına gitmiş, demiş ki; 'Nasılsın, iyi misin?' O da demiş ki 'Ölüyorum, çok kötüyüm,' 'Aa çok iyi. Ne kadar sevindim bunu duyduğuma.' demiş. Hasta bozulmuş, sinirlenmiş. 'Doktorun kim?' demiş. 'Azrail' demiş. 'Aa çok iyi doktordur. İşini çok iyi yapar.' demiş. 'Peki ne ilaç verdi?' demiş. 'Zıkkım verdi.' demiş. 'Hah tamam, muhakkak iç. İyi gelir o da sana.' demiş."

Karşımızdakini duymadığımız zaman, dinlemediğimiz zaman ya da kafamızdaki şablonlarla, şemalarla, şekillerle dinlediğimiz zaman karşımızdakini bambaşka bir dünyaya götürebiliyoruz.

Karşımızdakini duymadığımız zaman, dinlemediğimiz zaman ya da kafamızdaki şablonlarla, şemalarla, şekillerle dinlediğimiz zaman karşımızdakini bambaşka bir dünyaya götürebiliyoruz. O yüzden ne olur, hikayemizi doğru insanlara anlatalım. Bizi beklentileriyle veya eksik anlayışlarıyla şekilden şekile sokacak insanlara değil. Çünkü insanız, yansımak istiyoruz ve yansımamızdan etkileniyoruz. Anlatmak istiyoruz. Anlattığımızın oluşturduğu tepkiden etkileniyoruz. İyi mi yaptım, kötü mü yaptım? Ona göre şekillendiriyoruz kendimizi.

Bir danışanım geldi, tanınan, bilinen bir insan. Oturdu, başladı ağlamaya. Ağlıyor, durmadan ağlıyor. Mendil üzerine mendil. Bekliyorum, bilmiyorum da ne olduğunu bekliyorum... Susmuyor, ağlıyor, devamlı ağlıyor. Baktım bitmeyecek kendi kendine, dedim ki; "Ne söylesem iyi gelir? Neyi duymaya ihtiyacınız var? Ne duysanız iyi olur sizin için? Şu anda neye ihtiyacınız var?" Kafasını kaldırdı ve dedi ki; "Bana her şey düzelecek deyin." dedi. Her şey düzelecek...

Her şey ne acaba? Hiçbir fikrim yok. Gelmiş, ağlıyor. Her şey ne bilmiyorum. Düzelecek, bilsem de ona diyemem, düzelecek mi, düzelmeyecek mi bilmiyorum. Hayatını değiştiremem ben. Öyle sihirli bir değneğim yok. Şimdi "her şey düzelecek" desem, uydurma laf; bunu diyemem. Yalan bir ümit vermiş olurum, bunu yapamam. E bir şey demesem daha fena depresyona sokacağım. "Bak bu psikolog da her şey düzelmeyecek, perişanım ben, hiç umut yok." diyecek. Ben de dedim ki; samimiyetle böyle düşünüyorum, "Vallahi her şey düzelecek mi bilmiyorum. Her şey ne onu da bilmiyorum. Ama sizi tanıyorum. Mücadelenizi biliyorum, yaşadıklarınızı biliyorum. Bence bütün yaşadıklarınıza rağmen çok iyi gidiyorsunuz." dedim. Ağlamasına ara vererek kafasını kaldırdı; "Hakikaten böyle mi düşünüyorsunuz?" dedi. "Evet, hakikaten böyle düşünüyorum." dedim. "Tamam" dedi. Sonra başka bir şey anlattı kırk dakika, gitti.

Hala bilmiyorum, niye ağlıyordu. Önemi var mı? Çok da yok. Duyması gerekeni duymuş o, almış, kabul etmiş, kapatmış. Başka bir şeyler alıp gitti. Sonra, "Ben ne yaptım? İyi bir şey yaptım herhalde, etkili bir şey yaptım galiba." diye düşündüm. Sonra kendi kendime sordum. "Ben ne dedim buna? İyi gidiyorsun." dedim. Bana iyi gelir miydi bu söz? İyi gelirdi. Güvendiğim, sevdiğim birisi bana "iyi gidiyorsun" dese, hakikaten iyi gelirdi bana.

İnsanoğlu bir hayat yaşıyor, bir hikayesi var ama "iyi mi gidiyorum, doğru mu yapıyorum, yanlış mı yapıyorum" bilmiyor. Böyle bir geri bildirim almaya ihtiyaç duyuyor. Sonra eve gittim. "Hanım böyle bir şey yaşadım. İyi gidiyorsun

İnsanlar olarak geri bildirim almaya ihtiyacımız var. Güvendiğimiz insanlardan samimi, sahici ve büyük oranda pozitif geri bildirimler almaya ihtiyaç duyuyoruz.

sözünü duysam, bana iyi gelirdi." dedim. Sen ne diyorsun dedim; "Kesinlikle bana da iyi gelirdi." dedi.

İnsanlar olarak geri bildirim almaya ihtiyacımız var. Güvendiğimiz insanlardan samimi, sahici ve büyük oranda pozitif geri bildirimler almaya ihtiyaç duyuyoruz. Ama bir şekilde bizle alakalı kalpleri net olmayan, düşünceleri berrak olmayan insanlardan yanlış geri bildirim aldığımızda yanlış etkileniyoruz. O yüzden hikayemizi kime anlattığımıza, kiminle paylaştığımıza dikkat etmeliyiz.

Hikayemizden Ne Öğrendik?

Hikayemiz var. Yaşadık, devam ediyoruz. Ne öğrendik hikayemizden? Güzel bir söz var, "İnsanlar metaforlarla düşünür, hikayelerle öğrenir."[6] diye. Bazı insanlar derler ki; "Şuranın insanlarına güvenilmez." Niye? "Bir gün şöyle bir şey yaşadım," bir hikayesi var. Ya da; "Şöyle bir hikaye duydum." İstatistiklere bakmıyor, bilim kitaplarına bakmıyor. Diyor ki; şöyle bir şey yaşadım, böyle bir şey duydum. Yaşanılmış bir hikaye var, hikayede bulmuş cevabını, şu iyi gelir diyor.

Kayısı yiyorsunuz bunu gören biri, "Kayısı şuna iyi geliyor." diyor. Neden? Şöyle bir şey yaşadım, böyle bir hikaye duydum, diyor. Yine istatistiklere bakılmıyor. Çünkü insan büyük oranda hikayelerden öğreniyor.

Biz ne öğrendik acaba? Başkasının anlattığından değil; kendi hikayemizden, kendi yaşadıklarımızdan ne öğrendik? Ataol Behramoğlu, "Yaşadıklarımdan öğrendiğim bir şey

[6] *Mary Catherine Bateson*

var." diyor ya. Ne öğrendik biz yaşadıklarımızdan.

Güzel bir hikaye ile devam edelim. Kumkurdu'nun hikayesi. Bir kızcağız var, Zackarina. Bu kızcağızın anne-babası çok meşgul, kendi kendine vakit geçiriyor. Deniz kenarında bir yerde oturuyorlar. Kendi kendine oynuyor. Bir hayali arkadaş bulmuş; Kumkurdu. Kumları karıştırırken bir kurt buluyor, Kumkurdu'nu arkadaş yapıyor, onunla konuşmaya başlıyor. Bir gün aralarında şöyle bir konuşma geçiyor:

"Zackarina bisikletinden düştü ve kabalarını ovuşturdu. Kaya hiç de yumuşak değildi. 'Şimdi kesinlikle bir mor lekem daha olmuştur' dedi. 'Ne? Mor leke mi?' diye sordu Kumkurdu: 'O da ne?' 'Şu tür şeyler' dedi Zackarina. Kumkurdu'na rengarenk bacağını gösterdi ve anlatmaya başladı. En büyük leke, iyice hızlanan salıncaktan atladığımda olmuştu. Yeşil olanı bisikletle, komşunun kedisiyle yarışırken. 'Ya da' dedi Zackarina 'Odunluğun çatısına tırmandığımda olmuştur.' 'Ya şu küçük olan?' dedi Kumkurdu. 'O mu?' dedi Zackarina 'Uçan halıyla uçarken oldu.' Kumkurdu başını salladı. 'Şimdi anlıyorum' dedi. 'Mor leke tehlikeli bir şey yaptıktan sonra alınan bir çeşit madalya, öyle değil mi?' 'Madalya?' Zackarina şöyle bir gerindi. 'Evet, öyle.' dedi. 'Bir çeşit kahramanlık madalyası.'"

Dinleyen nasıl geri bildirim vermiş, nasıl geri bildirim verebilirdi? Bu geri bildirime göre bizim kendimizle, yaşadıklarımızla alakalı algımız nasıl değişirdi? Bu algı bundan sonra yaşayacaklarımızı nasıl şekillendirirdi? Kumkurdu'nun bu sözünden sonra Zackarina bunları madalya kabul edip cesaret konusunda kendinden daha emin olabilir mi? Olabilir. Ama böyle bir geri bildirim almasaydı kendiyle alakalı algısı da bundan sonraki davranışları da bambaşka olacaktı. O yüzden yaşadıklarımızı nasıl bir çerçeveye koyduğumuz, nasıl anlamlandırdığımız, onlardan öğrendiklerimizi nasıl rafine ettiğimiz ve nasıl etiketlere yapıştırıp zihnimize attığımız çok kritik bir öneme sahip.

Üzerimizdeki morlukları madalya olarak kabul edersek çok daha cesur ve güçlü bir şekilde hayata devam edebiliriz. Ama sakarlık, beceriksizlik gibi olumsuz şeylerle ifade edersek o zaman yine kendimizle algımız olumsuz olur, ondan sonraki atacağımız adımlar da ürkek, tedirgin hale gelir.

Lütfi Ömer Akad'ın güzel bir hikayesi[7] ile devam edelim: "Adapazarı'na gitmeye hazırlanıyorduk. Gitmeden önce bazı siparişler vermek üzere biriyle buluşmam gerekiyordu. Birden üstümün başımın pek güven verici olmadığını fark ettim, özellikle ayakkabılarım çok kötü durumdaydı. Taksim Sineması'nın -şimdi Devlet Tiyatrosu'nun bulunduğu bina- uzun duvarı boyunca art arda dizili ayakkabı boyacılarına doğru hızla yürüdüm, az vaktim vardı, en öndekinin sandığına ayağımı koydum. 'Çabuk usta, şişir, acelem var.' dedim. Boyacı baş parmağı ile arkayı gösterdi. 'Arkadaki arkadaşa geç beyim.' dedi. 'Neden, ne oluyor?' dedim. 'Ben ayakkabı boyarım beyim.' dedi adam, 'Bu benim işim, şişirme istiyorsan arkaya geç.' Bir an kalakaldım. Bütün alacağı yirmi beş kuruştu. Bir liranın dörtte biri. Ayağımı sandıktan çekmedim. 'Buyur, bildiğin gibi boya.' dedim, 'Hakkını ver.' Beni bekleyen sonsuza kadar bekleyebilirdi. Ben burada hayatımın dersini alıyordum."

Kahramanımız bir şey yaşamış, basit bir şey. Adamın söylediğine tepki de gösterebilirdi. "Ne olacak, acelem var" diyebilirdi, dememiş. Bir ayakkabı boyacısı yaptığı işi çok küçük bir para da alsa ciddiye alıyor, önemsiyor ve bana karşı o ilkesi, o hassasiyeti için bir duruş sergiliyor. O duruşa saygı göstereyim ve ben bundan bir şey alayım, diyor.

Öğrenmeyi bilebilirsek her gün onlarca böyle olay ya-

[7] *Işıkla Karanlık Arasında.*

şıyoruz aslında. İnsanlarla karşılaştığımızda onların duruşlarından, hayata bakışlarından bir şeyler öğrenebiliriz. Yeter ki görebilelim, fark edebilelim, almaya açık olabilelim.

Hikayemizden neleri öğrendiğimiz, onları zihnimizde nasıl konumlandırdığımız kritik öneme sahip. İnsanlardan, duruşlarından, düşüncelerinden, duygularından, yaşadıklarımızdan bir şeyler öğrenmemiz hikayemizin anlamlı bir bütün halinde bize öğretmenlik yapması önemli.

Hikayemden Ne Aldım?

"Gerçekler söyler, hikayeler satar." Gerçek söyler ama müşterisi çok olmaz; hikayeler satar, müşterisi çok olur. Yaşadığımız şeylerden farkında olalım ya da olmayalım bir şeyler alıyoruz. Bununla alakalı şöyle güzel bir hikaye var;

"Soğuk bir kış günü. Gerçek, bir şehre girmiş. Üşüyor, ama nasıl üşüyor... Hiçbir şey yok üzerinde. Hava da çok soğuk. Kapıları çalıyor. İnsanlar kapıyı açıyor, karşılarında çırılçıplak gerçek var, kapatıyorlar kapıyı. Başka bir kapı, açıyorlar kapatıyorlar, başka bir kapı, açıyorlar kapatıyorlar; gerçek perişan, aç. Birisi akıl veriyor diyor ki; 'Seni kimse böyle almaz, üzerine hikaye elbisesi giy.' Hikaye elbisesini giyiyor gerçek, kapıları çalıyor. Her gittiği yerde baş köşeye buyur ediliyor."

Çünkü hikaye olduğu zaman insanlar alıyorlar. Biz de alıyoruz yaşadığımız hikayelerden. Ne alıyoruz acaba? Ne aldığımızı kontrol ediyor muyuz? Muhakkak bir şey alıyoruz, fark edersek.

Mevlana Celaleddin-i Rumi'nin güzel bir sözü var, diyor ki; "Dalların arasında aradığın belki köklerindedir." Arıyorsun ama sende yok değil. Bulamıyorsan hayal kırıklığına uğrama, var diyor.

Hikayelerimizden bir şeyler alıyoruz. Yeter ki o aldıkla-

Hikayelerimizden bir şeyler alıyoruz. Yeter ki o aldıklarımızı görelim, fark edelim, kullanalım, güçlendirelim.

rımızı görelim, fark edelim, kullanalım, güçlendirelim. Hikayelerle alakalı çok net bir bilgimiz var. Bir hikayeyi ne kadar hatırlar, zenginleştirirsek; kullanma imkanımız o kadar artıyor, düşünce olarak, davranış olarak. Ama bir hikayeyi ne kadar az hatırlar, unutursak, kullanmazsak, gündemimize getirmezsek, dilimize, kalbimize, zihnimize gelmezse o hikaye zayıflar, daha az bize gelmeye başlar, o kadar daha az davranışa dönüşür. O yüzden hikayemizden ne aldığımız ve onu sonrasında ne kadar kullandığımız da önemli.

Hikayemizin Sahibi Kim?

"Kendinize ait bir hikayeniz yoksa, kendinize ait bir hayatınız yoktur."[8]

Bir hikayemiz var. Ve biz belli oranda o hikayeye müdahale etme imkanına sahibiz. Nasıl müdahale edeceğiz, ne yapacağız? Mesela niyetli yaşayacağız. Her güne başlarken niyet etmemiz bize iyi gelecek.

Namaz kılıyoruz, "Allahım bundan sonra kılacağım bütün namazlara niyet ediyorum." diyebilir miyiz? Böyle bir şey yok. Her namaz için ayrı niyet etmek gerekiyor. Namazın şartları var. Her gün için ayrı niyet etmek gerekiyor. Nasıl her gün namaz için ayrı niyet etmek gerekiyorsa, yaşadığımız her gün için de ayrı niyet etmek gerekiyor.

Sabah kalktım, bugün nasıl bir insan olmak istiyorum? Bugün nasıl yaşamak istiyorum? Bugün nasıl bilinmek istiyorum? Hikayemin sahibi benim, yapabildiğim kadar

[8] *Laurens Van der Post*

yapacağım. Yapamadığım için de isteyeceğim, dua edeceğim.

İnsanın iyi insanlarla karşılaşması çok önemli. Ama her zaman istediğiniz insanla karşılaşamayabiliyorsunuz. O yüzden eskiler dua eder, "Allah iyi insanlarla karşılaştırsın," diye. Ben de şöyle dua ediyorum; "Allahım az sevip çok gördüğüm insanları az görmemi, çok sevip az gördüğüm insanları çok görmemi nasip et." Çünkü hepsi benim kontrolümde değil. Ama gönlümde böyle bir niyet, böyle bir arzum var, kendimle alakalı böyle bir algım var. Arkadaşlarımla, sevdiğim insanlarla alakalı böyle bir algım var. Bu algım, bu duam; beni de değiştiriyor, hikayemi de değiştiriyor, bundan önceki kendimle alakalı algımı da değiştiriyor, bundan sonraki kendimle alakalı algımı da değiştiriyor.

Bir hikayemiz var, bu hikayemizi devamlı yazıyoruz. Her gün yazıyoruz. Yazarken ne yazacağımıza dikkat edelim. Yazarlar oturuyorlar başlıyorlar yazmaya, yazıyorlar ondan sonra akıyor. Günümüzle alakalı bir şey yazacağız, bir gün yazacağız. Her günümüz çok kıymetli. Sabah kalktığımızda kafamızda bir taslak olsun. Ne yapmak istiyoruz, nasıl bir insan olmak istiyoruz, neye dikkat etmek istiyoruz? Bugün nazik bir insan olmak istiyorum, buna niyet ettim. Niyet edenle etmeyen arasında davranış farkı vardır, açıktır, barizdir. İyilik yapmak isteyen bir insan olmaya niyet eden biri ile hiçbir şeye niyet etmeyen insan arasında iyilik davranışını görme, yapma arasında fark vardır. Çünkü hayatımızda bir sürü fırsat, birçok imkan karşımıza çıkar; gören olur, görmeyen olur. Görebilmek için bakabilmek lazım, bakmak için aramak lazım, aramak için istemek lazım, istemek için de o isteği niyete dökmek lazım. Hikayemize sahip olalım, hikayemiz için niyetlenelim. Bu hikaye bizim.

Hikayemizin İçeriği

"Eğer hep aynı üzücü küçük hikayeyi anlatırsanız, hep aynı üzücü küçük hayatı yaşarsınız."[9]

Hikayemizin içini nasıl şekillendirdiğimiz, neyi anlattığımız, nasıl tepkiler verdiğimiz, nasıl tepkiler aldığımız önemli. Psikolojide şöyle bir şey var: Bir insanın içerisi dışarısına yansır. Üzgün hissediyoruz, yüzümüzden görünebilir mi? Büyük oranda görünür. "Ne derdin var? Üzgün görünüyorsun, sıkıntılı görünüyorsun, problem var gibi gözüküyor" deriz. Niye? İçimiz dışımıza yansır genelde.

Psikoloji, yukarıdaki durumun tam tersi de söz konusudur diyor. Dışımız da içimize yansır. Yani iyi hissetmiyorsun ama gülmeye çalışıyorsun, iyi hissetmeye, güçlü durmaya çalışıyorsun. Böylece içine bir enerji gelir, iyilik hissi gelir.

Duruşla alakalı psikolojik çalışmalar var, insanın kendi algısını nasıl etkiliyor diye. Dik duran biriyle kambur duran birinin kendini algılaması farklı. Hatta elbiselerle alakalı araştırma var. Hangi elbiseyi giymek, bize nasıl hissettiriyor diye.

Hikayemizin içeriğinin devamlı negatif olması bizim kendimizle alakalı algımızı, niyetimizi, düşüncemizi, davranışımızı etkiliyor. O yüzden devamlı kitaptaki bir tane kötü, acı, sıkıntılı, dertli, problemli bölüme takılıp bütün kitabı arabesk kitap haline getirmeyelim ne olur. Kitapta bir tane öyle bölüm olur ama bir tane de başka bölüm, bir tane de bambaşka bölüm olur. İşin en güzel tarafı ne biliyor musunuz? Kitap henüz bitmedi. Nefes alıp verdiğimiz sürece kitap yazılmaya devam ediyor. Aynı sayfayı fotokopi yapmayalım, aynı paragrafları fotokopi gibi her tarafa taşımayalım. O yüzden hikayemizin içeriği nasıl olsun istiyoruz? Neleri seçiyoruz, neleri yarına taşıyoruz dikkat etmeliyiz.

Hikayemizin Karakterleri

[9] *Jean Houstan*

İnsanın yapısı insanla beraber var olmaya kodlanmış. Birbirimize ihtiyacımız var. Konuşmaya, dertleşmeye, görmeye, görüşmeye. Bazen deriz ya; "Çıkayım iki insan göreyim." İki insan görmeye, iki insan duymaya ihtiyacımız var. Ama bu insanlar bizim için zehir de olabilir, şifa da. "Zehir olmasın şifa olsun" diye hangi insanları hayatımıza aldığımıza dikkat edeceğiz.

İnsanlar hakkında düşünüyoruz, hangi insanlar hakkında düşünüyoruz? Bize iyi gelen insanlar mı, bize kötü gelen insanlar mı? Bize iyi hissettiren insanlar mı, bize kötü hissettiren insanlar mı? Bizi aşağı çeken insanlar mı, bizi yukarı çeken insanlar mı? Gerçek hayatta da zihinsel dünyamızda da buna dikkat edelim.

Bir insanla bir araya geliyoruz. Başlıyor konuşmaya; "Millet ne kadar kötü. Herkes ne kadar üçkağıtçı. Hiç kimseye güvenmeyeceksin. Bu dünya şöyle perişan, böyle berbat vs." Dayak yemiş gibi hissediyor insan konuşunca. Konuştuk mu, sohbet mi ettik, dayak mı yedik anlayamıyorsun. Niye? Hep kötü şeylerden bahsediyor. Bu tür insanlardan biraz uzak durmak lazım.

Hasta olanlarımız derler ya; "Aman öpüşmeyelim bulaşmasın, aman sarılmayalım, aman uzak duralım." Aynı böyle bir mikrop var insandan insana bulaşan: "Ümitsizlik mikrobu," "karamsarlık mikrobu."...

Biriyle oturur, biraz konuşursunuz; hayatınız zedelenir. O yüzden öyle insanlar varsa, uzaktan, aman yaklaşmayalım birbirimize bulaşmasın, hassasiyeti göstermemiz lazım. Bedenimize gösterdiğimiz hassasiyeti, ruhumuza da gösterelim. O yüzden hikayemizin karakterlerinde kimler var? Kimler olsun, kimler olmasın istiyoruz? Kimlere daha fazla yer verelim istiyoruz? Gerçekte yer veremiyorsak hayalimizde, düşüncemizde yer verelim.

İyi olmayan, olumsuz bir insan var; her gün üniversitede çekmek zorundayız. Her gün hocamız olarak karşımıza çıkıyor ve ders anlatıyor. Bunun kaçarı yok, mecbur katlanacağız bu dönem. En azından o insandan ayrıldıktan sonra zihnimizde taşımaya devam etmeyelim o insanı. Hikayemizin karakterleri, hikayemizi şekillendiren önemli aktörler. Dikkat etmemiz lazım. Hayat bizim hayatımız, hikaye bizim hikayemiz. Her gelen girmesin hikayemize. Biz bir şey yapalım sınır koyalım, herkesi almayalım oraya. Herkes istediği kadar kalamasın orada.

Hikayemizin Zamanları

Hikayemizin zamanı ne demek? Bu dönemde yaşamaktan dolayı zamanın bize verdiği bazı sorumluluklar var, beklentiler var. Bunlarla alakalı ne hissediyoruz acaba? Ne yapmak istiyoruz? Nasıl kendimizi konumlandırmak istiyoruz? Bizden 200 yıl sonra yaşayan insanlar bizi nasıl hatırlasın istiyoruz?

2019 yılında Urfa'da göçle alakalı bir kongrede konuşma yapmıştım. Benden önceki konuşmacılar Urfa'daki insanların mültecilerle alakalı algısını araştırmışlar onları sundular. Üç farklı araştırmacı, üç farklı araştırma sundu. Araştırmalar diyor ki; 2015 yılında Urfa'daki insanların büyük çoğunluğu, "Mülteciler misafirimiz, savaş varsa geri dönmesin, ölüme gitmesinler. Evlerinde savaş varsa, burada misafir olarak kalsınlar. Biz onları ağırlayalım." diyorlarmış. 2019 yılında insanlar, "Misafirliğin de bir süresi var, yeter artık. Savaş da olsa geri dönsünler." Ölecek de olsalar geri dönsünler mi? "Evet, ölecek de olsalar geri dönsünler." noktasına gelmiş.

Bu ne demek? 2019 yılında, olgunluğuna ermiş -artık çocuk olmayan-, yetişkin genç bir birey olan, zekası, kültürü, ahlakı, bilgisi, dünyaya karşı bir bakışı olan, dünyaya karşı bir duruşu olan bir insan olarak hepimizin sorumluluğu var. Bu sorumlulukla alakalı bir şeyler yapmamız lazım.

Hikayemizin Mekanları

Hikayemizin mekanları var. Yaşadığımız şehirde olmak bize iyi geliyor mu, gelmiyor mu? Bunu değiştirebiliyor muyuz, değiştiremiyor muyuz? Değiştiremiyorsak bunu kabul edip ona göre davranmamız gerekiyor. Hikayemizi zenginleştirebileceğimiz bir şekilde yaşamamız gerekiyor.

Hikayemin mekanının hakkını veriyor muyum? Hikayemin mekanını fark ediyor muyum? Yoksa herhangi bir rengi olmayan bir şehirde yaşıyor gibi mi yaşıyorum? Yaşadığım şehir hikayeme değiyor mu? Yoksa ben dağ başında yaşayan bir insan gibi kimseye dokunmadan, hiçbir şeye değmeden kupkuru bir hikaye mi yaşıyorum? Bunu da kendimize sormamız lazım...

Hikayemizin Tozları

Bir hikaye var: "Bir grup antropolog, çölde yerliler eşliğinde seyahat ediyor. Yerlilere ait kaya ve mağara resimleri görmek istiyorlar. Sonunda büyük bir kayanın yanına varıyorlar. Fakat görülecek hiçbir şey yok. 'Niye geldik biz buraya, burada hiçbir şey yok?' diyor gruptakiler. Yerlilerse gülüyorlar ve beraberinde getirdikleri su dolu kovaları kayaların üzerine boşaltıyorlar ve kayaların üzerindeki resimler meydana çıkıyor."

Bizim de hikayemiz içerisinde olan ama olumsuz sözler, insanlar ve olumsuz bazı yaşantılar nedeniyle tozlanan bilgelikler, beceriler var. O becerileri, bilgelikleri temizleyip çıkarmamız lazım. Şöyle bir geçmişimize dönelim. Neler yaptık, neler yapabiliriz onla, yaptıklarımızla? Neler biliyoruz, neler bilebiliriz? Neler gördük, neler görebiliriz? Geçmişten bugüne getirebileceğimiz şeyler, tozlanan neler olabilir?

Hayatımızda var olan, kazınmış toz resimlerimize, yazılarımıza sahip çıkalım. Tozlanıp görünmüyorsa da görünür hale getirebiliriz. Çünkü onlar bizim ve çok kıymetli. Zaman içinde tozlandıkları için kaybediyor gibi gözükebiliriz. Aman kaybetmeyelim. Onlar orada duruyor. Durdukça kıymetini bilelim.

Bununla alakalı bir hikaye var, şöyle: "Zamanın birinde iyi bir komutan varmış, ölmüş. Çok iyi bir komutan, insanlara yardım eden, adaletli bir insan olduğu için öbür tarafta demişler ki: 'Sen çok iyi bir insandın. Dile bizden ne dilersen.' Demiş ki; 'Ben dünyadayken hep merak ederdim. Dünyanın gelmiş geçmiş en büyük savaş stratejisine sahip insanı kim? Onunla tanışmak istiyorum.' demiş. 'Tamam' demişler. 'Kolay, getiririz.' Merakla bekliyor, kim gelecek? 'Acaba şu mu gelecek, bu mu gelecek?' aklından isim geçiriyor. Birisi geliyor, 'Efendim' diyor, 'İsminizi lütfeder misiniz?' 'Benim ismim Ahmet.' diyor. 'Düşünüyor, Ahmet... Ahmet... Ahmet...' zihninde tarıyor. Hiç aklında öyle bir Ahmet adında komutan yok. 'Efendim' diyor, 'Siz dünyada hangi ordunun komutanıydınız?' diyor. Adam diyor ki; 'Ne komutanı kardeşim? Ben ayakkabı tamircisiydim.' 'Allah Allah. Bir yanlışlık var herhalde. Ben dünyanın gelmiş geçmiş en büyük savaş stratejisi zekasına sahip insanıyla tanışmak istedim. Siz bana ayakkabı tamircisi getirdiniz.' 'Yok yok yanlışlık yok.' diyorlar. Bu adam dünyanın gelmiş geçmiş en büyük savaş stratejisi zekasına sahip adamı. Ama hiç kullanmadı."

Adam öyle ama hiç kullanmadı. Tozlanmış, temizlememiş, silmemiş, ortaya çıkarmamış, sahip çıkmamış, fark etmemiş. O yüzden de var ama kullanılmamış. Kimsenin tanımadığı, bilmediği bir adam haline gelmiş. O yüzden bizim de hikayemizde şöyle bir eskiye doğru, detaylı bir gözle bakalım. Köşeyi bucağı arayalım tarayalım. Muhakkak hikayemizde çok önemli bilgiler, beceriler var. Onların tozunu alıp yeniden kazanmak zorundayız, bize ait onlar.

Hikayemizin Fazlalıkları

Bahar temizliği. Hikayemizde hangi insanlar, hangi işler, hangi hırslar, hangi düşünceler, hangi öğrenilmişlikler fazla? Bunları bir tespit edelim. Ardından bunlardan kurtulalım. Bize yük oluyor çünkü. Ne kadar fazla olursa o kadar hareket etmemizi, daha da önemlisi hayal etmemizi zorlaştırıyor. O yüzden baharlarda temizlik yapılır ya, sonbahar temizliği yapalım, ilkbahar temizliği yapalım, hayatımızı gözden geçirelim. Fazla insan varsa atalım hayatımızdan. Gereksiz insan varsa hayatımızda, bizi aşağı çeken insan varsa kaybolsun gitsin. Gereksiz düşünce varsa kendimizle alakalı, insanlarla, hayatla alakalı atalım gitsin hepsini. Yük yapmayalım kendimize.

Dilimize yerleşmiş şeyler var mesela: "Merhametten maraz doğar." Merhamet etmeyecek miyiz yani? Birileri bir şeyler tecrübe etmiş olabilir. Biz tecrübe ettik mi, etmedik. Etsek bile bir defa ettik. Problem değil bir daha edelim.

Ömer Seyfettin'in bir hikayesidir Yüksek Ökçeler. Hikaye şu; güvenmemek, güvenmekten daha büyük bir beladır ve daha zordur. O yüzden biz insanlara güvenmeye, insanları sevmeye ihtiyaç duyarız. İnsanlarla alakalı, hayatla alakalı pozitif duygulara sahip olmak bize iyi gelir. O yüzden negatifle alakalı bir şeyler duyduysak ve bunlar hikayelerle birleştiyse, bizde kalıplaşmaya yüz tuttuysa onlardan kurtulalım. O yüzden hikayemizin fazlalıkları meselesi önemli.

Hikayemizin Şahitleri

Bizi kim bilir? İyi bir şey düşündüğümüzü, iyi bir şey yapmak istediğimizi, iyi bir şeyler yapabileceğimizi kim bilir, kim görür, kim görsün isteriz? Kimi şahit tutmak isteriz, kiminle paylaşmak isteriz, kimi yanımızda farz etmek isteriz? Bu gerçek de olabilir, hayali de olabilir. Hayalden kastım, geçmişten birisi olabilir, görmediğimiz, tanımadığımız bir insan da olabilir. Dünyanın öbür ucundaki bir insan da olabilir.

Biz hikayemize kimi katmak istiyorsak onu katarız, kimse karışamaz. Ben Fatih Sultan Mehmet'i hikayeme katmak istiyorum. Katabilirim, problem değil. Hikayemize şahit katmamız, hikayemizi güçlendirir. Bu kişi yaşayan bir şahit olursa daha da güçlendirir. İrtibatta olduğumuz bir şahit olursa daha da güçlendirir.

Hikayenize şahit alın. Yapabildiklerinizi, yapacaklarınızı, yapmak istediklerinizi, hayallerinizi, ümitlerinizi, rüyalarınızı paylaşın. Şahit tutun insanları. Ne kadar çok şahidiniz olursa, onları yapmanız o kadar gerçekleşir, olma ihtimali o kadar çok gerçek olur. Ne kadar az şahit olursa, o kadar çabuk unutursunuz, o kadar çabuk vazgeçersiniz. O yüzden bir hikayemiz var, bu hikayemizin muhakkak ama muhakkak bizim davet ettiğimiz, dahil ettiğimiz, severek, isteyerek aldığımız, bizi güçlendirecek şahitleri olacak.

Bir hikaye var, *"Anahtar Varsa Sandık da Var"* adında. Fakir bir çocuk, çok soğuk ve karlı bir gün. Evinde hiç odun kalmamış, çıkmış, odun arıyor. Yiyecek bir şey bulamıyorlar, odun bulamıyorlar, giyecek bir şey yok doğru düzgün, incecik elbiseleri var. Nasıl üşüyor, nasıl üşüyor... Karların arasında giderken bir şey dikkatini çekmiş, almış. Bir anahtar, altın bir anahtar... Demiş ki, "Bu bir sandık anahtarına benziyor. Anahtar varsa sandık da vardır." Başlamış etrafı aramaya. Odun aramayı bırakmış. Etrafı aramış, taramış, bakmış ki bir yerde bir işaret var. Kazmış orayı iyice, altın dolu bir sandık bulmuş. Ondan sonra mutlu, mesut hayat sürmüş.

Basit bir hikaye ama temel mesaj şu, anahtar varsa sandık da var. Bir hikayemiz varsa, bu hikayemiz altın dolu bir hazineye dönüşebilir. Çünkü hikayemizin anahtarı bizim elimizde. Bunun peşine düşüp altın sandığı haline getirebiliriz. Kıymetli bir hikaye haline getirebiliriz. Çöp sandığı da olabilir, bu bize bağlı. Ama biliyoruz ki anahtar varsa sandık da var. Biz hayattaysak bir sandık var. Bu sandık dolacak bir şekilde. Nasıl dolsun? Nasıl bir hikaye yaşayalım? Ne koyalım bu sandığın içine? Ne biriktirelim? Ne kazanalım, ne kaybedelim? Bunları da iyice bir düşünelim.

Kimin hikayesini yaşadığımız, hikayelerimizi kime anlattığımız, bizim hikayemizi kimin anlattığı, hikayemizin zamanı, mekanı, insanları, fazlalıkları, şahitleri... Bunun için bir emek, gayret vermemiz, bir arayışa girmemiz lazım. Nasıl bir hikaye olsun hayatımız. Ve bu arayışla alakalı İsmet Özel'in çok güzel bir şiiri var. Diyor ki;

"Aradı

Arayış ibresinden gözünü ayırmadı

Karnı aç

Üstü başı lime lime

Artık narin ayakları çiziklerle dolu

Dirseklerinde yara kabukları

Gerçi bu kadarı, böylesi

Başlarken hiç akla gelmezdi

Lakin hayret!

Arayana yoksulluk eziyet vermiyor

Arayanın aramaktan başka derdi yok."

Aramak başlı başına kıymettir. Hikayesi zenginleşsin diye hikayesini zenginleştirme araması yapan bir insanla böyle bir arama içerisinde olmayan insan arasında çok büyük farklar olacak. Arayan belki her aradığını bulamayacak ama bir sürü şey bulacak.

Kolay bir şeyden bahsetmiyorum. Zor bir şeydir aramak, bir sürü bedeli vardır. Ama zengin, doğru, anlamlı bir hikaye yaşamak için değer bir aramadır. Louis Aragon (1897-1982) şiirinde der ki;

"Sen de uzak ülkelerden dönüyorsun

ve bana bütün söyleyebildiklerin,

Akşam evinin eşiğine oturmuş

serinleyen birinin

aklına gelebilecek düşünceler.

peki, ne anlamı var öyleyse;

bunca yolculuğun."

Bir hikaye yaşıyoruz ve bu hikaye dünyanın öbür ucunda türlü imkansızlıklar içerisinde, yemek derdi, elbise derdi, geçinme derdi, sağlık problemleri yaşayan, renksiz, imkansız, kısıtlı, uzaklarda yaşayan bir insanın hikayesinden fark etmiyorsa; ne anlamı var bunca yolculuğun, bunca imkanların?

O yüzden hikayemiz var, hikayemizi zenginleştireceğiz. Bunun için arayacağız, neye mal olursa olsun... Her şeyi bulamasak da bir sürü şey bulacağız ve bulduğumuz her şey bu arayışımıza, bu yolculuğumuza, bu zahmetimize değecek. Hepinize iyi yolculuklar diliyorum.

İnsanlık tarihi açısından ilginç bir dönemden geçiyoruz. Halihazırda insanlığın hayat şartları bilebildiğimiz insanlık tarihi açısından umut verici. Çünkü insanlık olarak iyiye mi gidiyoruz kötüye mi diye sokaktan geçen herhangi bir kişiye sorulsa ya da bir ev sohbetinde konu olsa çok sayıda insan kötüye gittiğimizi söyleyecektir. Sonrasında da örnek olarak yakın zamanda duyduğu felaketleri, savaşları, açlıkları ve kötü haberleri sayacaktır. Ancak resmin bütününe baktığımızda esasında hayat şartları açısından insanlığın iyi bir sürece doğru gidiyor olduğunu görüyoruz.

Mesela eğitim-öğretim açısından baktığımızda; 1800'lü yıllarda dünya çapında okuma yazma oranı yüzde 12,5 iken şimdi yüzde 85'i geçmiş durumda. Yaşam süresi anlamında baktığımızda 1900'lü yılların başında yaşam ortalaması dünya çapında otuz iki yaş iken şimdilerde ise yetmişli yaşlarda.

Hürriyet anlamında baktığımızda iki asır önce dünya çapında insanların yüzde 38'i sömürgeleştirilmiş topraklarda köle olarak yaşıyorlardı. Çocuk ölümlerine baktığımızda sadece 30 yılda beş yaş altı çocuk ölümleri dünya çapında yüzde 53 düşmüş durumda. Aşırı yoksulluk anlamında baktığımızda yine son 30 yılda aşırı yoksulluk yaşayan insan sayısı 1 milyar 850 milyondan 767 milyona gerilemiş durumda. 2018 yılında her gün 295 bin kişi ilk kez elektriğe kavuştu. Daha da önemlisi aynı yıl her gün 305 bin kişi ilk kez temiz suya kavuştu. Bunlar çok önemli rakamlar. Bir yanıyla umut ve heyecan verici.

Bununla beraber hayat şartları anlamında insanlık iyi bir noktaya doğru giderken ruh sağlığı anlamında aynı şeyi söyleyemiyoruz. 2016 yılında bir milyarın üzerinde insanın ruh sağlıkları veya bağımlılık ile ilgili ciddi sorunlar yaşadıklarını görüyoruz. Dünya çapında her altı kişiden biri bu sorunlardan, bu zorluklardan muzdarip. Bu sorunlardan ortalama yüzde 4'lük bir oranla -ki oldukça yüksek bir rakam- en yaygın olanı da kaygı bozuklukları. Sonrasında depresyon, sonrasında alkol ve madde bağımlılıkları geliyor.

Ülkemizde de rakamlar çok benzer. Ruh sağlığı veya bağımlılıklarla ilgili sorun yaşayanların genel nüfusa oranı yüzde 16,78 ve yine en yaygın kaygı (yüzde 4,55) ve sonrasında depresyon (yüzde 3,89).

Peki ne oluyor da böyle oluyor? Öyle ya her gün daha fazla sayıda insan hayat şartları anlamında eğitim olarak, su ve elektrik olarak, teknoloji ve diğer imkanlar olarak, hak ve özgürlükler olarak, ömür uzunluğu ve sağlık olarak ciddi anlamda ve oldukça hızlı bir şekilde iyiye doğru giderken, neden ruh sağlığı ve bağımlılıklar anlamında iyiye gidemiyoruz?

Burada insan ilişkilerimiz devreye giriyor. Birbirimize güvenmememiz ve emin olamamamız kaygı bozukluklarını, birbirimize hoyrat davranmamız ve hemen kırılmamız depresyonu, birbirimize destek olmamamız, birbirimize güç vermememiz bağımlılıkları körüklüyor. Ahmet Yüksel Özemre merhumun çok güzel bir sözü var bu konuda. Özemre diyor ki; "Akıl temyize, temyiz temkine, temkin itidale, itidal hüsn-ü zanna ve hüsn-ü zan da beşeri münasebetlerde yumuşaklığa, edebe ve sulhe sevk eder." Tabiî bunun tersi de var; "Vehim su-i zanna, su-i zan tefrikaya ve nifaka, nifak ise fesada yol açar."

Hayat şartları ne kadar kolaylaşırsa kolaylaşsın, ne kadar güzelleşirse güzelleşsin, ne kadar imkanlar ve alternatifler çoğalırsa çoğalsın insan güven istiyor, emniyet istiyor, nezaket istiyor, metanet istiyor, destek istiyor, dayanmak istiyor. Bunlar olunca diğer imkansızlıklar bir şekilde idare ediliyor da bunlar olmayınca hiçbir imkan bunların yerini tutmuyor.

Bu konuda önemli bir araştırma var. 18. yüzyılın sonlarına doğru bir köyün insanları iş imkanlarından dolayı başka bir şehre taşınmaya karar veriyorlar. O zaman ulaşım araçları, yollar ve imkanlar bugünkü gibi değil ve yolculuğun beş ay sürmesini bekliyorlar. Planları baharda yola çıkıp yaz sonunda gitmek istedikleri yere varmak. Yola çıkmalarının ardından yaşadıkları terslikler sebebiyle varacakları yere varamıyorlar ve kış bastırdığından bir mağaraya sığınarak binbir zorluk ve imkansızlıkla kışı orada geçiriyorlar.

Çünkü insan insana şifadır. Bu şifayı kaybettik bugün de yanlış yerlerde arıyoruz.

Bu insanlara bir sonraki senenin baharında ulaşılıyor ve görülüyor ki 120 kişi olarak başladıkları yolculukta yetmiş küsür kişi kalmışlar. 50'ye yakın kişi hastalık, kaza vs. sebeplerle hayatını kaybetmiş. Grubu inceliyorlar. Kalanlar genç, sağlıklı ve güçlü olanlar, gidenler yaşlı, hasta ve zayıf olanlar mı diye. Çünkü normalde akıl böyle bir çıkarsama yapar. Ancak durumun hiç de böyle olmadığını, sağ kalanlarla ölenler arasındaki farkın genç olma, güçlü olma, sağlıklı olma değil ailesi ve akrabalarıyla seyahat edip etmemek olduğu ortaya çıkıyor. Yani ailesi ve akrabalarıyla seyahat edenler yaşlı, zayıf ve hasta da olsalar sağ kalıyorlar, yalnız başlarına seyahat edenler genç, güçlü ve sağlıklı da olsalar hayatlarını kaybediyorlar.

Büyüklerimize, savaşlar, göçler, kıtlıklar yaşayan dedelerimize, nenelerimize sorsak onlar da benzer hikayeler anlatırlar. Çünkü insan insana şifadır. Bu şifayı kaybettik bugün de yanlış yerlerde arıyoruz.

Nasreddin Hoca'nın meşhur bir fıkrası var. Hoca evinin bahçesinde telaşla bir şey arıyor. Komşular telaşını görünce "Hoca ne arıyorsun yardım edelim" diyorlar. Hoca, "Sormayın komşular anahtarımı kaybettim" deyince komşular da aramaya başlıyorlar. Bahçe çok büyük değil, bakmışlar bakmışlar bulamıyorlar, en sonunda birisi, "Emin misin hocam burada kaybettiğine?" diyor. Hoca, "Yok ben burada değil samanlıkta kaybettim" diyor. Komşular şaşkın "Peki niye burada arıyoruz?" diye sorunca, hoca ibretlik bir şekilde cevabını veriyor: "Çünkü orası karanlık, burası aydınlık."

Biz de genelde insanların, özelde Müslümanların sorunlarını düşündüğümüzde kaybolduğumuz karanlık yerlere bakmak yerine daha kolay görünen aydınlık yerlere bakmayı tercih ediyoruz ama emin olun bin yıl baksak bulamayacağız. Daha güçlü, daha zengin, daha büyük olmadığımız için kaybettiğimizi düşünüyor, bütün dikkatimizi, bütün gayretimizi, bütün desteğimizi bu alanlara yoğunlaştırıyoruz.

Siyasetin, ekonominin ve teknolojinin sorunlarımızı çözeceğine inanıyoruz. Ancak bir durup düşündüğümüzde; tarih boyu Müslümanlar olarak ne kaybettiysek fakirlikten mi kaybettik, fitneden mi kaybettik? Zayıflıktan mı kaybettik, tefrikadan mı kaybettik?

Bugün sorumluluğu dışımıza atabileceğimiz, kolay çözümlemeler yapacağımız bir sürece hiç girmeden, ruhumuzun bize karanlık gelen noktalarına girmeye ve baştan aşağı insanlık, insanlar ve insan ile ilgili ezberlerimizi bozmaya mecburuz.

Ben bu fitnenin, bu tefrikanın neresindeyim; hangi sözüm hangi davranışım hangi ilişkim bu fitne ve tefrikayı güçlendiriyor ya da zayıflatıyor sormamız lazım kendimize.

Necip Fazıl Üstad'ın dediği gibi:

"Soruverse: Ben neyim ve bu hal neyin nesi?

Yetiş, yetiş, hey sonsuz varlık muhasebesi!"

İnsani ilişkilerimizde hepimizin bildiği hata ve yanlışları detaylarıyla tasvir edip örneklendirmeyeceğim ancak ne yapabiliriz üzerinde biraz durmak istiyorum.

Öncelikli olarak şu çokluk hastalığından kurtulmamız gerekiyor. Tekasür Suresini okurken hepimiz müşrikleri düşünüp kızıyor ama hiç aklımıza kendimizi getirmiyoruz. Halbuki bu dönemin en bulaşıcı hastalığı çokluk hastalığı, çoğa sahip olma, çoğa sahip olmayı isteme hastalığı; daha çok eşya, daha çok insan, daha çok iş, daha çok eser, daha çok bilgi, daha çok belge vs...

Çok insanı az tanıma değil, az insanı çok tanıma gayretinde olalım. Çünkü insanın zihninin ve kalbinin bir kapasitesi var. Bu kapasiteyi iyi kullanmak, doğru değerlendirmek gerekiyor.

Çok somut bir soru; telefonumuzda kaç kişinin numarası var? Yüzlerce veya binlerce değil mi? Çok insanın da bununla övündüğünü duydum. Ancak bilmeliyiz ki hayatımıza giren, bir şekilde karşılaştığımız, ilişki kurduğumuz, alışveriş yaptığımız herkese karşı sorumluluğumuz var. Kısa karşılaşmalarımızda bile, ilk kez gördüğümüz ve sadece belki bir defa göreceğimiz insana karşı bile asgari selam, tebessüm ve kaba olmama/onu kırmama sorumluluğumuz var.

Bizi gören, tanıyan, bilen her insanın bizim elimizden ve dilimizden emin olmasını sağlama sorumluluğumuz var. Böyle bir sorumluluk taşırsa insan daha çok insan tanımaktan mutlu olmaz, endişe duyar. Belki böylesi daha iyidir. Çünkü bu endişe ile daha dikkatli, daha kontrollü, daha düşünerek hareket eder. Ne kadar da ihtiyaç duyuyoruz insan ilişkilerinde dikkat, kontrol ve düşünmeye.

Çok insanı az tanıma değil, az insanı çok tanıma gayretinde olalım. Çünkü insanın zihninin ve kalbinin bir kapasitesi var. Bu kapasiteyi iyi kullanmak, doğru değerlendirmek gerekiyor. Gerekli gereksiz ne kadar siyasetçi, film oyuncusu, şarkıcı ya da meşhur biri varsa genel kültür kandırmacasıyla zihnimize ve kalbimize alırsak nasıl kalbimize "tecelli eder Hak", nasıl zihnimizin "gümanı hep ayan olur"? Dünyadaki işimize yarayacak yaramayacak her türlü habere kulak verirsek, gözümüz telefondan ve televizyondan ayrılmazsa nasıl sesini duyuracak eşimiz, nasıl gözümüz görecek gözümüze bakan yavrumuzu?

"Dunbar Sayısı" adında bir araştırma var. Buna göre insanın ilişki kapasitesi ortalama 150 kişi (120'den, 230'a kadar rakamlar değişebiliyor). Yani insanın düzenli ve derinlikli ilişki kurabileceği, dayanıp destek alabileceği belli bir insan sayısı var. Bunun üzerine çıkamaz. Çıkarsa derinlik kaybolur, destek azalır. Bugün yaşadığımız biraz da budur. Az emek ve az vakit ile çok kişiye ulaşmaya çalışıyoruz. Halbuki insan makine değil, çok emek, çok vakit istiyor. Hayatımızda bizim için önemli 150 kişiye çok emek verip, çok vakit ayırmazsak 150 bin kişiyi tanıyan bir insan olabiliyoruz belki ama eşimiz el kalıyor, çocuğumuz yabancımız oluyor.

Danışma için bize gelen çocuklardan bazılarının çaresi derinlikli ilişki ihtiyacıdır. Anne-baba yoğun çalışmakta ve hayat tarzlarını değiştirmeyi hiç düşünmemekteler. Çocuklarını ihmal edip hep ikinci plana attıklarından çocukları sorun çıkarmaya başladıklarında bize getirirler.

Anne-babalar beklerler ki bir süre, haftada bir saat bize gelsinler ve sorunlar çözülsün. Halbuki çocuk yedi günde onlarca saat ilişki ihtiyacı içindedir. Sorarım anne-babanız yaşıyor mu diye yaşıyor ama başka şehirde derler. Amca-dayıyı sorarım, küstük derler. Hala-teyzeyi sorarım, çok yakın olmak istemiyoruz derler. Dost-arkadaşı sorarım, kimsenin vakti yok ya da bu devirde kimseye güvenilmiyor derler. Çok geçmiş olsun o zaman demekten başka çare kalmaz.

Network diye bir şey dolanıyor dilden dile. Doğruluğu hiç düşünülmeden peşine düşülüyor. Daha çok insanla tanışmak, karşılaşmak, konuşmak isteniyor. Olur ya "işim düşer", olur ya "işe yarar" diye bakılıyor. İbrahim Tenekeci Ağabeyin deyimiyle insana, "İnsan olarak değil, imkan olarak bakma."dır bu. Halbuki bizim derdimiz daha çok insanla tanışmak, karşılaşmak, konuşmak değil. Derdimiz, hakkını verebileceğimiz ilişkiler kurmak. Derdimiz, sorumluluğunu taşıyabileceğimiz insanlarla tanışmak. Derdimiz, bir gönüle girivermek. O da cennete götürecek bizi inşallah. Asırlar önce Yunus'un söylediğini bugün Said Yavuz Hoca şöyle güzel ifade ediyor:

"Nasıl girsin cennete bir kalbe giremeyen?"

Başkasını aşağı çekmek, bizi yukarı çıkarmaz. Hiçbir toplumun hatasını, eksiğini, gediğini konuşarak bir şey kazanılacağını düşünmüyorum. Onun yerine iyiliklerinden, doğrularından, artılarından neler öğrenebiliriz onlara bakmamız lazım.

Avustralya, çok kültürlü bir toplum. 200 yıllık bir mazisi var. Her milletten, her ülkeden insan var burada. İslamofobinin yaygınlaşması için çalışan gruplar ve müstakil bazı olaylar var. Ülkemizde Suriye'den gelen mülteci kardeşlerimiz aleyhine konuşulan her şey burada kelimesi kelimesine Müslümanlar için söyleniyor. İnanç, kültür, dil, coğrafya farklı olsa da fitnenin mantığı ve dili her yerde aynı galiba. Mamafih toplumun geneli çok kültürlülüğü sindirmiş gözüküyor ve herkesin kültürüne, inancına saygı gösteriyor. Bunu da lütuf olarak değil vazife olarak, mecburiyet olarak, sorumluluk olarak yapıyor. Çünkü toplumsal beklenti bu yönde olduğundan aksi davranışlar toplumdan dışlanıp küçük gruplara hapsolmaya götürüyor.

Başkasını aşağı çekmek, bizi yukarı çıkarmaz. Hiçbir toplumun hatasını, eksiğini, gediğini konuşarak bir şey kazanılacağını düşünmüyorum.

Avustralya'da gördüğüm ve genelde bizde ciddi eksikliğini hissettiğim birkaç hususu paylaşmak isterim. Öncelikle insanlar karşılaştıklarında birbirlerine genelde selam verirler, tebessüm ederler. Alışveriş yapıyorlarsa önce hal hatır sorarlar. Bunların çoğu otomatik ve formaliteden yapılır ama formaliteden yapılsa bile asık surattan, selamsız sabahsız ilişkiden ve sıfır iletişimle alışveriş yapmaktan daha iyidir.

Bir diğer önemli mesele insanlar kendi hayatlarıyla ilgileniyorlar, başkalarının hayatlarını gözetleme, meraklanma ve hakkında konuşma çok şahit olduğum şeyler değil. Avustralyalı arkadaşlarla bir araya geldiğimiz zamanlar kimsenin aleyhine konuştuklarını duymadım. Garip ve ayıp karşılanıyor birinin arkasından konuşmak. Bir şey söylenecekse yüzüne söyler ama arkasından genelde konuşmaz. Tabi ki istisnaları vardır ancak benim yaygın olarak gördüğüm bu.

Düzenli hayat, yine takdir ettiğim güzel özelliklerinden bir tanesi. Mesela komşularımın birisi matbaacı, diğeri tesisatçı sabah 07:00-15:30 arası çalışıyorlar. Bunun için de sabah 05:00-05:30 arası kalkıyorlar ve gece muhakkak erken yatıyorlar. Genelde 21:00'dan sonra her yere yayılan bir sessizlik hakim, insanlar 22:00'da da uyuyorlar.

Kurallara uyma genelde çok yaygın. Çöp atmama, doğru park etme, yayaya yol verme, gürültü yapmama vs. gibi temel toplumsal kurallar konusunda herkes üzerine düşeni yapıyor.

İnsan merkezli bir hayat kurulmuş. Büyük parklar, kütüphaneler, yüzme havuzları, bisiklet yolları herkesin evinden kolaylıkla ulaşabileceği ve kullanabileceği şekilde kurgulanmış. Lüks değil, devasa değil; sade ve işlevsel.

Su her yerde var ve ücretsiz. Parklarda var, lokantalarda var. Susadığınızda su bulmanız hiç zor değil. İsterseniz paketli su da satın alabilirsiniz ancak şişede içmek isterseniz ücretsiz olarak alıp içebilirsiniz. Bunu Amerika'da da Çin'de de gördüm. Gördüğüm, gittiğim her yerde vardı ve ücretsizdi. Su en temel insan ihtiyacı ve en temel insan hakkı.

Ülkemizde ecdadımızın her sokağa koydukları, zarafet ve sanatla süsledikllari asırlık çeşmelerimiz varken, onların akmaması, en temel insan hakkı olan suyun bile her yerde parayla satılması ve hatta bazı yerlerde istismar edercesine fahiş fiyatla satılması yine insan ilişkilerimiz ve ahlakımız konusunda düşünmemiz, konuşmamız gereken belki en temel, en basit ama en önemli örneklerden biri.

"Neler çeker bu gönül, söylesem şikayet olur" diyor ya şair,[10] hepimizin gönlü çok çok dolu olsa da biz ne yapabiliriz ona bakalım. Yine çokluk hastalığına düşmemeye çalışarak, büyük listeler hazırlamadan, insan ilişkileri ile ilgili üç hadisi şerifi aklımızda, kalbimizde ve dilimizde her daim canlı tutsak yeterli olur kanaatindeyim. Birincisi; "Müslüman elinden ve dilinden emin olunan insandır.", ikincisi; "Kişinin kendisini ilgilendirmeyen şeyleri terk etmesi Müslümanlığının güzelliğindendir.", son olarak üçüncüsü; "Selamı yayınız, yemek yediriniz, akrabanızla ilişkinizi gözetiniz, gece insanlar uyurken namaz kılınız, güven içinde cennete giriniz." hadisi şerifleridir.

---

[10] *Şeyhülislam Yahya*

Dalgalandık da Durulsak

"Bu yaşa erdirdi"[11] bizi Yaratan ve Yaşatan.

Nasiplendik birçok şeyden, öğrendik ve bildik çokça şeyi.

"Hata yapmak fırsatı"[12] bize de verildi ve yaptık hatalar, belki sayısız.

Ama yetse artık. Bitemiyorsa da azalsa, bir kıvama gelsek artık.

Hatasız yaşamak mümkün değilse de hırssız yaşasak. Ahlaki zaaflarımızı bir bir terbiye etsek. Kendimizi ve kalbimizi iyi bir terbiyeden geçirsek. Yanlış sözler, yanlış işler, yanlış ilişkilerin diyetine girsek. Yani yaşıyor olmak bizi daha iyi bir insan yapsa. Ömrümüzle beraber olgunluğumuz artsa. Yaşadığımız her günümüz aleyhimize değil lehimize bir hüccet olsa.

"Yaşadıklarımdan öğrendiğim bir şey var" diyen şaire (Ataol Behramoğlu) yaşadıklarımdan öğrendiğim birçok şey var desek ve öğrendiklerimize göre yaşasak. "Taşa geçen sözümüz kendimize de geçse"[13]; bildiklerimiz, sevdiklerimiz ve kabul ettiklerimizi zihnimizde çürümeye bırakmayıp kalbimize indirsek, davranışlarımıza dönüştürsek. Ki çürürse sade kendi çürümeyecek, çürütecek her yanımızı.

"Gülelim, eğlenelim, kam alalım dünyadan"[14] diyene değil de "Ballar balını buldum kovanım yağma olsun"[15] diyene iki kulak bir gönül versek...

---

[11]İsmet Özel ,[12]İsmet Özel,

[13]Hikmet Münir Ebcioğlu

[14]Nedim, [15]Yunus Emre

"Geçti sevdalarla ömrümüz" de "Ak pak olmuş saçlarımızla tacidar olma" yoluna girsek ve "Bir muhabbet neşesiyle ilkbahar olabilsek"[16]...

"Felek bir gün cana kıyacak, bizi kabdan kaba koyacak", kesin de bunu şimdiden görüp istiğna makamında "Kimi atlas libas giyer, şükür bize aba düştü"[17] diyebilsek.

Teslim olsak, muhsin olsak, kopmak bilmeyen en sağlam kulpa yapışsak.[18]

Bizden önce gelenleri gördük biz. Ben şahidim iyiliklerine, doğruluklarına, olgunluklarına. Şahidim yüreklerinde derman niyetiyle taşıdıkları dertlerine.[19] "El çek tabip sinem üstünden"[20] deyişlerindeki samimiyetlerine. Yaşlarıyla güçlendiklerine, güzelleştiklerine. Döndü devran, geldi sıra bizlere.

Hangi yaştaysak bizden sonra gelenlere borcumuz var. Bizden daha iyi olsunlar diye örnek olma, destek olma, rehber olma borcumuz var. Ama bunun için önce bizim bir durup, durulup, sakin olup sonra yavaşça gönlümüzde taşıdığımız bütün hırsları yere bırakmamız ve teslim olmamız gerekiyor. Kalbimizdeki her kötü niyet, aklımızdaki her menfaat planı için Allah'tan korkup, kuldan utanmamız gerekiyor. Çirkinlerin ve çirkinliklerinin göz kaptırdığımız her rengi, kulak verdiğimiz her sesi[21] için af dilememiz gerekiyor. Çok kıymetlendirmeden bu dünyayı ekip biçip gitmeye[22] hazır olmamız gerekiyor. Meydane varabilmek için canı canana kurban eylememiz[23] gerekiyor.

Yeter dalgalandığımız şimdi artık durulmamız gerekiyor...

---

[16]*Hüseyin Siret Efendi,* [17]*Aşık Kul Yusuf*

[18]*Lokman Suresi 22. ayet*

[19]*Niyazi Mısri*

[20]*Erzurumlu Emrah*

[21]*Necip Fazıl Kısakürek*

[22]*Cahit Zarifoğlu*

[23]*Kelami Baba*

Ahlak Güçlendirir

Yakın zamanda şöyle bir farkındalığım oluştu. Ahlak ve ahlakla alakalı kavramlarla ilgili biraz sıkıntımız var. Hani insanın zihni bilgisayar, internet kullana kullana bir süre sonra öyle düşünmeye başlıyor ya, zihnimizde de ahlaka dair kavramlar veya ahlakın bizatihi kendisi olmasa bile, ahlakla ilgili kavramlar ve kişiler üzerine düşünmeye başladığımızda aklımıza gelen resimler çok parlak değil.

Nereden biliyorum? Sordum. Böyle ahlak ile alakalı kavramları kabul eden kişiler söz konusu olduğunda biraz daha "pısırık, işe yaramaz, sakin, hareketsiz, iş bitiremez" gibi düşünceleri beraberinde getiriyor. Halbuki ahlak tam tersi insanı daha işe yarar kılabilen bir şeydir. Ahlak zayıflatmıyor, aksine güçlendiriyor. Ahlak insanı daha işe yarar yapıyor. Daha güçlü, daha faydalı, daha sağlam bir şekilde hem de.

Nasıl yapıyor? Farkında olalım veya olmayalım duyduklarımız, gördüklerimiz, baktıklarımız, konuştuklarımız, bir araya geldiğimizde insanlarla gündemimizde olan şeyler bir şekilde zihnimizi formatlıyor, şekillendiriyor. Ahlak ile alakalı zihnimizde böyle bir kabullenim varsa bir farkındalığımız da oluşsun, biraz daha dikkatli olalım.

"Gezegenimiz artık daha fazla başarılı insana ihtiyaç duymuyor. Bizim barışçı, tedavi edici, tamir edici, hikaye anlatan, her türlü sevgiye sahip insanlara ihtiyacımız var."

diyor Dalai Lama. Temelinde dediği şey şu: Popüler kültür başarıyı çok kutsuyor. Başarılı olun, neye mal olursa olsun başarılı olun. Bu size bir şeyler kaybettirecek dahi olsa siz bunu feda edin, kaybedilmemesi gereken şeyleri de feda edin.

"Hristiyan dünyasındaki yedi ölümcül günah, iş dünyasının vazgeçilmez yedi değeri haline geldi."

Birilerinin üzerine basmak, birilerinin hakkını yemek, birilerini çiğnemek söz konusu olsa dahi siz başarılı olun gibi bir algı var. Hatta bu konu ile alakalı Amerika'da yayınlanan bir dergi diyor ki; "Hristiyan dünyasındaki yedi ölümcül günah, iş dünyasının vazgeçilmez yedi değeri haline geldi."

Hristiyanlıkta yedi ölümcül günah normalde yaklaşılmaması gereken bir şey ama iş dünyasında bunları yapmazsanız hayatta kalamıyorsunuz. Halbuki her şeyden önce içinde yaşadığımız dünyanın başarılı insandan ziyade ahlaklı insana ihtiyacı var. Sonra yine başarılı insan olalım. Başarılı olmak ahlaklı olmaya engel olmasın. Bilakis başarılı olmanın kolaylaştırıcı bir etkisi olsun ahlaklı olmak. Ama ahlaklı olmadan başarılı olmak bir yerlerde tıkanıyor ve insanı güçlü değil zayıf kılıyor.

Dünyanın ahlaklı insana ihtiyacı var. Daha ahlaklı insanlar aramızda var olmalı. Daha ahlaklı insanlar olmalıyız. Daha ahlaklı insanların sayısı ve görünürlüğü artmalı.

Peki insanımızın neye ihtiyacı var? İnsanın kendisi için daha ahlaklı olmaya ihtiyacı vardır. Ahlaklı olmak insanı öyle bir noktaya getiriyor ki, Yunus Emre "Ballar balını buldum, kovanım yağma olsun" diyor. Demek istenilen artık o insanın aldığı haz, mutluluk, huzur ile güçleniyor ve onu ayartmak mümkün olmuyor.

Ahlaklı insana ne verirseniz verin ne vaat ederseniz edin yoldan çıktığını düşündüğü, yanlış olduğunu bildiği bir şeye meyletmiyor. Ballar balını buldum artık, ne verirseniz verin beni yoldan çıkartamazsınız diyebiliyor.

İnsanın Neye İhtiyacı Var?

Dünya var olduğundan beri insanlar, felsefeciler "İnsan neye ihtiyaç duyar?" diye tartışmışlar. Geldikleri nokta ise şu; insanın kendisi için temelde ahlaklı olmaya ihtiyacı var. Çünkü her şey olmaz ise insanlar bir şekilde yaşayabilir ama ahlak olmazsa insanın sağ kalması mümkün değil. Yani araba olmadan insan yaşıyor muydu? Yaşıyordu. Uçak olmadan insan yaşıyor muydu? Yaşıyordu. Pasta olmadan insan yaşıyor muydu? Yaşıyordu. Kuru fasulye olmadan insan yaşıyor muydu? Yaşıyordu. Bazı ilaçlar olmadan insan bir şekilde sağ kalıyor muydu? Kalıyordu. Ama ahlak olmadığı zaman atom bombası oluyor, kitlesel cinayetler oluyor, intihar bombacıları oluyor ve insanlar her şeye sahip oldukları halde yaşayamıyorlar. O yüzden insanın yaşaması için, bir arada kalabilmesi için de ahlaka ihtiyaç var.

"Mutlu olmak isteyen iyilik yapsın"

Aristo diyor ki; "Mutlu olmak isteyen iyilik yapsın." Yani mutluluğun kaynağını ahlak olarak belirtiyor. Mutlu olmak isteyen ahlaklı davranmaya çalışsın, mutluluğun kaynağında ahlak vardır diyor.

Bu dönemde, bilimsel yayınlara baktığımızda mutsuzluk ve tatminsizlik ile alakalı birçok çalışmalar bulunuyor. Kimisi depresyon olarak meseleyi klinik çerçevede ele alıyor, kimisi tatminsizliği ve mutsuzluğu bağımlılıklar üzerinden ele alıyor. Yani insanlar mutsuz ve bunu nasıl tedavi ederiz diye düşünüyorlar. Bu konuda psikiyatrik tedaviler var, psikofarmakolojik ilaçlar var, psikoterapi yaklaşımları var.

Neticede insanları mutlu etmeye, o üzüntü girdabından çıkarmaya çalışıyorlar.

Diğer yandan insanın tatminsizliğinden dolayı başka şeylere bulaşması ve bulaştığı şeylere bağımlılık geliştirmesi sonrası farklı tedavi yöntemleri var. Bunlar üzerine hala çalışılıyor. Ama bizim kültürümüz, tarihimiz bu çerçeveye biraz daha farklı bakıyor. Bizim kültürümüzün hadiseye baktığı çerçeve şu; insanın ruh sağlığı, ahlaki davranışı ile beraberdir.

Klasik kitaplarımız, ruh sağlığı ile alakalı yaptığı yayınları ahlaki, kalbi hastalıklar üzerinden ele almıştır. O kitapların müellifleri demişlerdir ki; aklın hastalıkları başkadır, kalbin hastalıkları başkadır. Aklın hastalıklarına yaklaşım farklı olmalıdır ve o bir nevi mecnunluktur. Toplumun onu bir şekilde rehabilite etmesi lazımdır. Bununla alakalı da yaklaşımlar var; "mahallenin delisi" bunun çok güzel bir örneğidir. Mahalle alır deliyi, içinde yaşatır, rehabilite eder, idare eder veya psikolojik anlamda bugün bir sürü tanısı olabilecek insanlar mahallede esnaftır ve onu bir şekilde idare eder. "O öyle" derler, "o farklı" derler ama topluma karışmaktan geri durmaz. Toplumun içerisinde var olması onu tanılı, hasta, toplumun dışına itilen bir insan yapmaz. Günümüzde devam eden örnekleri var. Yakın zaman önce vefat eden Malatyalı Mercedes Kadir de bunun önemli bir örneğiydi.

Mercedes Kadir'in bir sopası vardı, bu sopanın ucunda ise Mercedes'in arması yer alıyordu. Bir de direksiyon. Sopaya dikiz ayna takmış onunla geziyor, herkes ona yol veriyor, kırmızı ışıkta duruyor, polis yanlış yere park ettiğinde ceza yazıyor ve adamın hayalini bütün bir şehir paylaşıyordu. Bütün bir şehir adamı idare ediyor, huzurlu, mutlu bir şekilde o toplumun içerisinde yaşıyordu. Mercedes Kadir için Kent Müzesi'nde balmumu heykel bile yapıldı.

Normalde bizim klasik kültürümüzde psikolojik, akli hastalıklar anlamında zorlanan insanları toplumun içerisinde rehabilite etme var. Bir çeşit bereket sebebi olarak görülüyor. Hatta Selçuklular zamanında bu şekildeki insanları toplumun içerisinde barındıran köylerden vergi alınmıyor. Ama modern psikoloji ile beraber enstitüleşmeler arttı ve bırakın ileri düzeyde akıl hastalığını, küçük kalbi hastalıklarda bile hastanelere yatırılma durumu söz konusu oldu.

Zaten kişi bir defa etiket yedi mi, hastaneye yatırıldı mı, bu durum ömür boyu üzerinde kalıyor. Bununla alakalı güzel bir film vardı. Bir kadıncağız, kızını kaybediyor. Polisten yardım istiyor fakat bir şekilde olaylar karışıyor ve kızını bulamıyorlar. En sonunda da arıza çıkarttığı için, bu kızını kaybetti, hasta oldu diyerek akıl hastanesine yatırıyorlar. Akıl hastanesine giriyor. Orada tecrübeli bir hanımefendi var. Ona anlatmaya çalışıyor derdini. O hanımefendi; "Boş yere anlatma buraya girdiysen artık her şey için çok geç. Çok konuşursan manik derler, az konuşursan depresif derler illa bir şey derler." diyor.

Hakikaten baktığımızda kalbin hastalıklarının neticesinde de insanlar hayatı farklı algılıyorlar. Bundan dolayı insanlar onu farklı algılayabiliyor ama bir şeyi biliyoruz; bizim klasik kültürümüzde aklın hastalıkları başka, kalbin hastalıkları başka. İnsanı mutsuz eden, daha çok üzerinde durulması gereken kalbin hastalıkları. Bu da esasen ahlak ile alakalı sıkıntılar. Yani haset, kıskançlık, çekememezlik, hırs gibi kalbe zarar veren, insanı hayattan kopartan, güçsüzleştiren hastalıklar.

Mutsuzluk ve tatminsizlik evvelemirde klinik bir durum değil, kalbi hastalığın sonucu olarak ortaya çıkan bir durum. Klinik olarak ortaya çıkan durumlar gelinen son noktadır. Onun evveliyatına bakmak lazım. Martin Seligman'ın liderliğini yaptığı, dünyada oldukça popüler olan pozitif psikoloji diye bir akım var. Onların dediği de aynı şey. Diyorlar ki; insanlar değerleri ile var olurlar, değerleri ile ayakta dururlar, değerleri ile güçlü ve mutlu olurlar. Dolayısıyla biz değerleri yeniden hayatımıza sokalım.

"Hürriyet sorumluluğun şartı değil sonucudur. İnsan sorumluluk alabiliyorsa hür olur. Bu sorumluluğun sonucu hür iradesi ile seçilmiş davranış, ahlaki davranıştır."

Ahlak Nerede Başlar?

Nurettin Topçu bu konuda çok çalışma yapmış biri. Esas problemin ahlak olduğunu savunuyor. Bu sebeple bir noktada çözüm bulunacak ise bu noktanın ahlak olduğunu düşünüyor. Ama ahlaka giden bir süreç var. Ahlaka giden süreç Topçu'ya göre şöyle; "Hürriyet sorumluluğun şartı değil sonucudur. İnsan sorumluluk alabiliyorsa hür olur. Bu sorumluluğun sonucu hür iradesi ile seçilmiş davranış, ahlaki davranıştır."

Bir insan kendini hür olarak konumlandırmak istiyor ise kendine bakacak, ben sorumluluk alabilen bir insan mıyım? Sorumluluk alabiliyorsam hürümdür. Sorumluluk alamıyorsam, başka insanların bana verdiği sorumlulukları taşıyorsam, başka insanlar bana sorumluluk vermeden kendi kendime harekete geçemiyor, hayatımı düzenleyemiyor, kendi hayallerim, hedeflerim doğrultusunda hareket edemiyorsam orada bir soru işareti var. Acaba hakikaten hür müyüm, özgür müyüm?

Her şeyden önce insanın ilk adımı kendi hayatı ile, kendi ile, başkaları ile, dünya ile alakalı sorumluluk alabilmesi ile ilgili olmalı. İkincisi bu insan hür olacak. Hür olduğu için sorumluluk almayacak, sorumluluk aldığı için hür olacak.

Sonrasında da hür bir insan olarak yaptığı davranışlar ahlaki davranışlar olacak. Ahlak sonuç olarak ortaya çıkacak. Ahlaklı davranış, sorumluluk alan ve hür olan insanın geldiği nokta olmuş olacak. Dolayısıyla ahlaklı davranışa gidebilmek için ilk meselemiz sorumluluk alabilme becerimizin gelişmiş olması, ikincisi kendimizi bağımsız, güçlü ve hür hissedebilmemiz. Bu hürlükle kendimiz ve toplum için doğru davranışları seçebilme meselesi.

Kim Sorumlu?

Bu konuda çok güzel bir söz vardır: "Yapılması gereken önemli bir iş vardı. Herkes, birisinin bu işi yapacağından emindi. Gerçi işi herhangi biri de yapabilirdi, ama hiç kimse yapmadı. Birisi buna çok kızdı. Çünkü iş 'herkes'in işiydi. Herkes, herhangi birinin bu işi yapabileceğini düşünüyordu, ama hiç kimse, herkesin yapamayacağının farkında değildi. Sonunda herhangi birinin yapabileceği bir işi hiç kimse yapmadığı için herkes, birisini suçladı."

Bunun somut versiyonu psikolojideki "sorumluluğun dağılması" kavramıdır. Yani herhangi birinin yapabileceği bir işi, insanlar herhangi biri yapabilir diyorsa kimse üzerine sorumluluk almıyor. Sorumluluk alınmadığı için çok küçük bir müdahale ile toparlanabilecek bir şey çok büyük travmalara dönüşebiliyor.

Sorumluluğun dağılması kavramının ortaya çıkmasına sebep olan olay 1964'te Amerika'da ortaya çıkıyor. Restoranda çalışan bir hanım, geceleyin restorandan çıkıyor. Evine doğru gidiyor. Birisi yaklaşıp tecavüz etme girişiminde bulunuyor. Kadın karşı koyuyor ve kargaşa sırasında kadın bıçaklanıyor. Adam kaçıyor yakalanacak diye. Sesler çıkıyor, ışıklar yanıyor ama hiçbir şey olmuyor. Gelen giden yok...

Kadıncağız yarım saat can çekişiyor. Adam bakıyor ki kimse müdahale etmiyor, sessizce yaklaşıp kadını öldürüyor. Kadın o sırada tekrar bağırıyor yine kimse müdahale etmiyor. Daha sonra polis geliyor ve araştırma yapıyor. 38 kişinin sesi duyduğunu tespit ediyor ve tamamı ne olduğunun farkında. Ama hiç kimse sorumluluk almamış. Başka birisi sorumluluk alır diye. Hiç kimse bırakın adama müdahale etmeyi, polisi bile aramamış nasıl olsa birisi arar diye.

Ahlak en temelde kendimizle, toplumla alakalı sorumluluk alma becerisidir.

Toplum ile, yaşadığımız hayat ile alakalı almadığımız küçük sorumluluklar büyük travmalara sebep olabiliyor. O yüzden ahlak en temelde kendimizle, toplumla alakalı sorumluluk alma becerisidir. Kimse beklemeden, kimse istemeden, kimse bizi mecbur bırakmadan.

İkinci örneğimiz 2019 yılında ülkemizde yaşandı. Bir adam bir kadını bıçakladı ve insanlar hiçbir şey yapmadan donakaldılar. Cep telefonuna falan kaydeden oldu. Büyük bir travmaydı. Bizleri çok yaralayan bir durumdu. Hepimiz çok kötü hissettik kendimizi. İnsanlığımızdan utandık.

Muhtemelen oradaki insanlar sonradan daha da kötü hissettiler kendilerini. Ama bir şey yapmadılar, belki yapamadılar. Belki de ne yapacaklarını bilmiyorlardı. Dolayısıyla hür bir şekilde sorumluluk almamak ve ahlaki davranışın gereğini yapmamak en başta bize kötü geliyor, bizi kötü hissettiriyor, bizi pişman ediyor.

Bu olay bizim için ne kadar travmatik olduysa, eminim orada bulunan insanlar için ömür boyu üzerlerinde taşıyacakları çok büyük bir travma oldu. Çünkü onlar oradaydılar.

Çünkü onlar orada bir şey yapabilirlerdi. Belki ne yapacaklarını bilmiyorlardı ama o pişmanlığı hep üzerlerinde taşıyacaklardı.

İnsanın etrafa bakmadan kendisinin bizatihi ahlaklı bir davranış seçip ona göre davranması ahlaklı davranışın oluşmasında en önemli kurallardan bir tanesidir. Yapılan araştırmalar bize gösteriyor ki insanlar travmatik bir anda hazırlıksız olurlarsa nasıl davranacaklarını bilemiyorlar. Aynısını nefret suçlarıyla alakalı olarak da görüyoruz. Yurt dışında İslamofobi ile ilgili yapılan çalışmalarda üzerine düşünmemiz gereken çıktılar mevcut.

İşte günlük hayattan bir örnek; metroda birisi birisine sadece Müslüman olduğu için bağırmaya çağırmaya hakaret etmeye başlıyor. İçeride 100-150 kişi var. Bir kişi hakaret ediyor. Diğer insanlar sadece bakıyorlar. Müslüman cevap veriyor ve aralarında söz dalaşı başlıyor. Bu durum böyle devam ediyor. O anda içeride bulunan 100 kişiden 95'i çok mutsuz durumda, bu durumun olmasını istemiyor, saldırıyı başlatan adamdan nefret ediyor ve söylediklerine katılmıyor. Ama hiç kimse bir şey demiyor. Niye bir şey demiyor? Genelde üç sebepten dolayı bir şey demiyorlar. Daha bu gibi durumlarla ilgili çok sayıda örnek verilebilir.

Peki İnsanlar Neden Tepki Vermiyor?

İnsanlar bu gibi durumlarda neden tepki vermiyor diye sorabilirsiniz? Birinci sebep; ne diyeceğini bilmiyor. İkinci sebep; "Ben yapmadım ki" diyor. Ben suçlu değilim dolayısı ile ahlaken kendimi temize çıkartabilirim. Üçüncü sebep ise; yapsam da yapmasam da bir şey değişmez diyor. "Ne yapıyorsun?" desem ne değişecek. Benim başıma bela olacak bu sefer diye düşünüyor. Bir şey yapmıyor. Bir şeyler yapmadıkça da doksan beş kişinin içerisindeki bir kişi orada bulunan herkesin yaşamını daha zor hale getiriyor. Çünkü toplumda güvensizlik artıyor. Toplumdaki sevgi, saygı ve dayanışma azalıyor. İnsanlar daha mutsuz bir şekilde toplumda var olmaya çalışıyorlar.

Bir arada yaşamanın sihirli bir tarafı var. Ne hissediyorsanız, onu bulaştırıyorsunuz. Mutsuz hissediyorsanız mutsuzluğu etrafınıza bulaştırıyorsunuz. Mutlu hissediyorsanız mutluluğu bulaştırıyorsunuz. Güvenli hissediyorsanız güveni bulaştırıyorsunuz. Güvensiz hissediyorsanız güvensizliği bulaştırıyorsunuz. Güvensizliği körükleyen bir davranış orada kalmıyor topluma yayılmaya başlıyor. O yüzden insanlar kısmen suçlu, kısmen suçlu değil.

Kısmen suçlu olmamak için yapılması gereken şey ahlaki meseleleri karşımıza gelmeden önce gündemimize almamız. Konuşmamız, tartışmamız, anlamaya çalışmamız, duruş geliştirmemiz. Ben bugünün dünyasında hangi durumlarla karşılaşabilirim. Hangi ahlaki ikilemler karşıma çıkabilir ve bunun karşısında ben nasıl tavır göstermeliyim diye kafa yormalıyız. Böyle bir gündemi oluşturursak çok rahat edeceğiz ama oluşturmazsak çok sıkıntısını çekeceğiz.

Bu konuyla alakalı harikulade kitaplar yayınlandı. İki tanesini örnek vereyim. Bir tanesi "101 Ahlak İkilemi" isimli kitap. Ahlak ile alakalı insanların iki arada bir derede kaldığı durumlara ilişkin örnekler veriyor. Şöyle yap, böyle yap demiyor. Sadece böyle bir durum var ne yaparsın diyerek zihin egzersizi teklifinde bulunuyor. Diğeri ise "Çocuklarınızla Ahlakı Konuşmak" isimli kitap. A'dan Z'ye her konuda nasıl davranacağınızla alakalı tartışma başlıkları veriyor. Yine cevap vermiyor. Şöyle yap, böyle yap demiyor ama böyle bir durumla karşılaşırsa insanın ne yapması gerektiğiyle alakalı önceden hazırlanmasını sağlıyor. Sonrasında benzer bir durumda doğru tepki vermek mümkün oluyor. Bu niçin önemli? Çünkü Amerika'daki hadiseden (1964) birkaç sene önce Stanley Milgram diye biri bir deney yapıyor.

Deney şu şekilde; kişinin Yahudi annesi-babası Naziler tarafından katledilmişler. Mahkeme salonlarına giriyor, katleden adamları görüyor, bakıyor ki bu adamlar normal insanlar. Canavar ruhlu insanlar değil normal askerler. Ama bir şekilde bu katliama ortak olmuşlar. Anlıyor ki sıradan insan ne yaptığını bilmezse, bir duruş noktası belirlemezse tarihe geçecek bir katil olabiliyor. Bunun üzerine sıradan insanların nasıl zarar verebildiklerine dair bir deneye girişiyor.

Bu kişi, öğrenme ile alakalı bir deney yapacağına dair ilan veriyor. İnsanlar başvuruyorlar. Başvuran insanları alıyor. İki kişiyi bir araya getiriyor. Aslında birisi kendi adamı. Fakat başvuranlar yanındaki insanın da başvuru sonrası geldiğini sanıyorlar. Birisinin öğretmen diğerinin de öğrenci olması yönünde kura çektiriyor. Fakat kura kağıdında iki adet öğretmen var.

Gönüllü gelen doğal olarak bana öğretmen çıktı diyor. Kendi adamı ise öğretmen çıkmasına rağmen öğrenci çıktığını belirtiyor. Olaydan habersiz kişiyi alıp bir odaya koyuyorlar ve öğrenme-ceza ilişkisi arasında bir deney yapıyoruz, sen soru soracaksın, bilemediği zaman elektrik vereceksin diyorlar. Elektrik dozajı çok hafif başlayarak çok ileri düzeye doğru gidiyor. Her bilemediğinde dozajı arttırıyorlar. Diğer adamı başka bir odaya götürüyorlar ve birbirlerinin sesini duyacak şekilde iletişim kurduruyorlar. Öğretmen sorular soruyor. Öğrenci ilk birkaç soruyu biliyor. Daha sonra yanlış bilmeye başlıyor. Yanlış bildikçe öğretmen elektrik veriyor. Her yanlışta dozaj artıyor. Öğrencinin tepkileri de artıyor. Canının çok yandığını ima eden sesler çıkartıyor.

İlana başvuran deneklerin ekseriyeti tereddütsüz elektrik vermeye devam ederken birkaç tanesi duraksıyor fakat deneyi yapan adamın "devam et" telkini ile elektrik vermeye devam ediyor. Katılanların yüzde 80'inden fazlası karşı taraftaki insanı öldürecek ya da sakat bırakacak düzeydeki elektriği vermekte tereddüt etmiyor.

Deneye katılan insanların yüzde 80'inden fazlası sırf emredildiği için karşı tarafı öldürecek kadar elektrik veriyor. Çünkü öncesinde hazırlamamış kendisini. Doğru olan davranış ne, doğru duruş nasıl olmalı diye düşünmemiş.

Sonrasında bu konu üzerine çalışılıyor insanlar niye böyle davrandı diye. En temelde böyle yapmalarının sebebi şu, ben bana söylenileni yaptım, ben sorumlu değilim. Reaksiyon göstermesi, tepki vermesi gerektiğini düşünmüyor, bundan dolayı sorumlu hissetmiyor. Niye? Çünkü öncesinde düşünmemiş. Bu sebeple insanın ahlaki meselelerle alakalı kendini hazırlaması, bu konuyu gündem etmesi, bunun pratiğini yapması, zihninde bunu çözmeye çalışması sonrasında bir caniye dönüşmemesi için çok kritik bir öneme sahip.

Bunu Ruanda Müslümanlarından da biliyoruz. Uluslararası bir terapist grubuyla beraber Ruanda'da 13 gün kaldım. Çok sayıda hikaye dinleme imkanım oldu. Hikayelerden birisi şu: Ruanda, Afrika'nın en Katolik ülkesi kabul ediliyor. Katoliklerin nüfusu yaklaşık yüzde 96 oranında. Sömürgecilik gelmiş ve bunları inanılmaz şekilde hızla Hristiyanlaştırmış.

Sömürgeciler Ruanda'yı kabilelere ayıramamışlar. Ruandalılar arasında ayrım yapacak bir şey bulamayınca ondan fazla ineği olana sen Tutsi'sin demiş, ondan az ineği olana sen Hutu'sun demiş. Ruanda'da okuyacak kitap yok, kağıt yok...

Gücü yüzde 10'luk kısma vermiş ve bu kısım diğer insanlara büyük oranda zulmetmiş. Daha sonra yüzde 90'lık kısım başkaldırmış ve ötekileri katletmeye başlamış. Esasında aralarında ayrım bulunmayan aynı insanlar, komşular, akrabalar. Ama sömürebilmek, yönetebilmek için insanları ayırıp birbirlerini katleder hale getirmişler.

1993-1994 yıllarında bir milyon insanı 100 günde kesmişler. Zenginler para verip ne olur beni kurşunla öldür diyorlarmış. Çünkü işkence ederek kesiyorlar. Korkunç bir durum. Sömürgeciler o kadar hainler ki o dönemde hala para kazanma derdindeler ve beş milyon bıçak satmışlar. Onu bile paraya çeviriyorlar.

Ülkedeki Müslümanların nüfusu yüzde 2 oranında. Müslümanlar toplumda en dezavantajlı grup. Hiçbir şekilde devlet vazifesine giremezler. Üniversiteye devam edemezler, üniversiteye girdiler mi bir bahane uydurup okuldan atılıyorlar. Askeriyede gelebilecekleri en yüksek rütbe çavuş. İş bulamadıkları için fakirler vs...

Soykırımın ayak sesleri duyulmaya başlandığında Ruanda'daki müftü yani Müslümanların bağlı olduğu kişi bütün Müslümanlara şöyle çağrıda bulunmuş; şayet herhangi bir şekilde çatışma olursa hiçbir Müslüman olaylara dahil olmayacak. Mümkün olduğu kadar insanlar korunacak, korunamıyorsa da olaylara dahil olunmayacak diye çağrısını yinelemiş. Dolayısıyla katliam başlamadan önce Müslümanlar ahlaki duruşlarının ne olması gerektiğiyle alakalı fikir ve bilgi sahibi olmuşlar.

Katliam başladığında Tutsileri öldürüyorlar, Tutsileri öldürmeyen Hutuları da öldürüyorlar. Böyle korkunç bir şey. Anne çocuğunu, baba evladını öldürüyor. Böyle bir noktaya gelmişler. İnsanların geneli Katolik Kilisesi'ne sığınıyorlar.

Şu an Soykırım Müzesi olarak gezilen bazı kiliselerde papazlar insanları içeri topluyor, sonrasında kapıyı kilitliyor ve katliamcıları çağırıp insanların katledilmesine sebep oluyorlardı. Müslümanlara bilgi gittiği, duruş öğretildiği, ahlaki duruş gösterildiği için kendileri karışmıyorlar, camilere sığınan Hristiyanları canları pahasına koruyorlar, evlerine gelen insanlara sahip çıkıyorlardı. Bu durum Ruanda toplumu tarafından fark ediliyor. Katliamdan sonra Müslümanların toplumdaki algısı çok değişiyor.

Müslümanlar şu anda ülkede çok aktif bir konuma sahip. Bakanlar var, milletvekilleri var, meclis başkan yardımcıları var. Yüzde 2 olan Müslüman oranı 20 yılda yüzde 14'e yükselmiş.

Dünyada en çok cami ihtiyacı olan ülkelerden birisi de Ruanda. Çünkü Müslüman nüfusta çok hızlı bir artış oluyor. İnsanlar çok acılar çekmiş. Temelinde Müslümanlık ya da Hristiyanlık olduğundan dolayı değil. Ahlaki olarak kendini bir duruşa hazırlayıp hazırlamamaktan dolayı.

Müslümanlar kendilerini hazırladıkları için ahlaki olarak inançlarına uygun bir davranış sergilemişler, Hristiyanlar ise kendilerini hazırlamadıkları için inançlarına uygun olmayan bir davranış sergilemişler. Her iki dinden de insan öldüremezsin oysa ki. Aynı değer yargısı var. Bu sebeple insanın ahlaki meselelerde kendini hazırlaması ya da hazırlamaması, caniye ya da kahramana dönüşmesinde çok önemli faktörlerden bir tanesi.

Ne olur kendimizi hazırlayalım. Günlük hayatımızda nasıl davranmamız gerektiğini düşleyelim. Her şeyle alakalı. Naylon poşet kullanmaktan, küresel ısınma ile alakalı sorumluluğumuza kadar, çok et tüketmekten insanlara selam vermeye kadar. Nasıl davranmak bize yakışıyor, nasıl davranırsak "doğru davranırız"ın pratiğini kendi zihnimizde ve arkadaşlarımızla konuşmalarımızda yapmamız lazım ki kritik noktalarda birer caniye dönüşmeyelim.

İkinci meselemiz şu: İsyan Ahlakı. Nurettin Topçu Fransa'da bulunan Sorbonne Üniversitesi'nde doktorasını ahlak üzerine yapıyor. Temelde toplumların en büyük probleminin ahlak olduğunu ve bu konu çözüme kavuşursa birçok şeyin çözüleceğini düşünüyor.

Nurettin Topçu, doktorasını yaparken bir yerde hocaları ile çatışıyor. Hocaları biraz da Hristiyan inanışındaki yüzüne tokat atana diğer yanağını dönmek ilkesine dayanarak hep iyilik yap, iyilik peşinde ol düşüncesindeler fakat karşı çıkma gibi bir durum pek fazla yok. Halbuki Topçu: "Ahlakın en önemli adımlarından bir tanesi ahlaklı davranmak kadar ahlaksız davranışa karşı durabilmektir." diyor. "Ahlaklı davranmak sadece kendisinin ahlaklı davranması değil, başka insanların ahlaksız davranmasına, diğer insanlara zarar vermesine müdahil olmaktır." diyor.

Nurettin Topçu, bu durumu şöyle ifade ediyor; "Cemiyetteki her fenalık, yine ancak cemiyetten gelen sert ve toplu karşı koyuşlarla önlenebilir. Toplumun yerinde ve zamanında gerekli tepkiyi verebilmesi de başlı başına bir eğitim meselesidir." Bunu kendimize ve birbirimize öğretip, anlatacağız. Toplumdaki herkesin benimsemesini sağlayacağız ki, ahlaksız davranış karşısında toplu bir şekilde tepki gösterelim.

Toplu tepki gösterildiğinde hiçbir zalimin, hiçbir kötülüğün, hiçbir yanlış işin gücü kalmayacak. Mesela cinayet hadisesinde bir kişi var ve üç kişi tepki gösterse katil kaçar gider. Beş kişi tepki verse daha çok korkar. Fakat yüzlerce insan sadece seyrediyor. Toplu tepki verebilme becerisi yanlışa, kötülüğe karşı örgütlenebilme meselesi ahlak ile alakalı temel meselelerden birisi. "Aşk örgütlenmektir, bir düşünün abiler." diyor şair Ece Ayhan. İşte bu noktada örgütlenmek lazım.

Peki biz ahlaki davranışı nasıl gerçekleştireceğiz? Nurettin Topçu; "İnsandaki irade iyiliğin de kötülüğün de kaynağıdır. Değerlere yaslanmayan irade kötülüğe, değerlere yaslanan irade iyiliğe götürür." diyor.

> **"İnsandaki irade iyiliğin de kötülüğün de kaynağıdır. Değerlere yaslanmayan irade kötülüğe, değerlere yaslanan irade iyiliğe götürür."**

Bir davranışımız var. Bu davranış iyi de olabilir kötü de olabilir. Hangi davranışı gerçekleştirirsek gerçekleştirelim arkasında davranışı gerçekleştirme gücünü bize veren i護ademiz var. Ancak bu iradenin arkasında bir şey olmazsa, sağlam temellere oturmaz ise, kötü davranışın ortaya çıkması çok kolay bir hale gelir.

Olması gereken değerdir. Değerlerimiz bu noktada çok önemli. Bir değere dayanmıyorsa irade anında yanlış davranışa dönüşebilir. İnsanın güçlü bir sebebe ihtiyacı var. O da değer. Ama değer dediğimizde yüzlerce değerden öte bizi tanımlayan temel değer ne acaba?

İnsan olarak hepimizin asgari birçok değeri var. Bunun ötesinde bizle özdeşleşmiş hangi değerlerimiz var? Ahmet, Mehmet, Ayşe, Betül dendiğinde insanların hemen aklına gelen değer ne? Bizi insanlar hangi değerlerle hatırlıyor ve biz hangi değerlerle hatırlasınlar istiyoruz? Hangi değer her davranışımızda kendisini gösteriyor? Göstermiyorsa bir sıkıntımız var. Buranın üzerine çalışalım. Niye? İnsanlar bizi hatırlasınlar bir şekilde ama bir değerle özdeşleşmek hatırlanmaktan ziyade bizi güçlü kılacak. Yanlış davranışı başkasının bize yakıştırmamasından ziyade kendimiz kendimize yakıştıramaz hale geleceğiz. Çünkü kendimiz de kendimizi o şekilde özdeşleştireceğiz. Ama hangi değerler bunlar?

Özdeşleştiğimiz, her davranışımızda kendisini gösteren, ufkumuzu belirleyen, geleceğimizi şekillendiren üç tane temel değerimizin olması lazım. Ondan sonra o değer, bizde iradeyi doğru davranışa götürme noktasında temel tetikleyici olacak.

Bahsettiğim her şeyi kendim tecrübe edip yazıyorum. Kendimin yaşamadığı, zorlanmadığı şeyi yazmamaya çalışıyorum. Değer konusunda çok zorlandım mesela. Bir sürü şey var kafamda. İyi olmak, yalan söylememek, cömert olmak vb. Tamam da benim eşittir değerim ne? Onları belirlemek çok kritik öneme sahip ve belirlediğinizde çok rahatlıyorsunuz. Kafanız netleşiyor. Duruşunuzu sabitleştirebiliyorsunuz. Ama temel değerlerinizi belirlemediğinizde kafa çok karışıyor, çok zorlanıyor insan.

Bakınız milli şairimiz Mehmet Akif Ersoy temel bir değer almış ve diyor ki;

"Cehennem olsa gelen, göğsümüzde söndürürüz.

Bu yol ki Hak yoludur, dönme bilmeyiz, yürürüz."

Yaşamayan söyleyemez, gönlünde hissetmese kaleme gelmez, yazamaz bunu Akif. Bu böyle romantiklik olsun diye, şiir olsun diye söylenecek bir söz değil. Gönülde alev gibi bir şeyin yaşanması lazım, yaşamış. "Cehennem olsa gelen, göğsümüzde söndürürüz" diyor. İnsanı bu noktaya getirebilir değerleri sağlam olursa; cehennemi göğsünde söndürecek kadar büyük bir güce sahip olduğunu düşünebilir. Büyük ve güçlü bir şekilde var olabilir, ayakta kalabilir. Sonrada tarihe geçebilir.

Ahlak Zenginleştirir

"Kimi atlas libas giyer,

Şükür bize aba düştü" (Yunus Emre)

"Kanaat, bitmez hazinedir." diyor eskiler. Kanaate sahip oldun mu başka bir şeye sahip olmana gerek yok. O sana zenginlik olarak yeter. Ama kanaate sahip olmazsan; elinde olanın bir ilerisi, o da olsa daha ilerisini istersin ve bitmez tükenmez bir türlü istekler. "Mataramda tuzlu su" diyor ya şair,[24]tuzlu su içmek gibi içtikçe susuyorsunuz. Bitmiyor bu döngü, sahip oldukça daha çok sahip olmak istiyorsunuz. Buna "Affluenza" diye bir hastalık adı buldular. Varlık gribi. Sahip olduklarınla tatmin olmama hep daha fazlasını isteme durumu.

Hakikaten şu anda çok ciddi sıkıntı var. Çünkü varlığın peşine düştü mü insan bunun dibi yok. Kanaatin peşine düştüğünde şu noktaya gelebilir; "Şükür bize aba düştü." Abadan memnun adam. Kimsenin atlas libasında gözü yok. Ama kanaat olmadığı zaman insanın ayarı bozuluyor. Bu noktada insanın ayarını en çok da sosyal medya bozuyor. Çünkü, herkes mutlu, güzel, geziyor, ona sahip, buna sahip benim hayata bak diyorsunuz. Halbuki insanlar öyle yaşamıyorlar. Yaşantıları içerisinde en güzelini gösteriyorlar.

Bu konuyla ilgili çok sayıda örnek var; adam sabah kalkıyor, gözler kaymış, mutsuz. Sonra telefonu eline alıyor, inanılmaz güzel bir şekilde gülüyor sonra kapatıyor, tekrar mutsuz mutsuz o resmi paylaşmaya koyuluyor. Görenler Allahım ne güzel bir güne uyanmış ben niye bu kadar mutsuzum diye bakıyor.

Bir başkası arabayla gitmiş. Spor elbiseyle koşar gibi resmini çekiyor ve sonra arabaya biniyor. Hakikaten sanal dünya illüzyon. Sanal dünyaya göz ve gönül verdiğimizde ahlaki zemini kaybetmeye başlıyoruz.

Bir tane danışanım anlatmıştı. Hanımı acayip zengin insanlarla görüşüyor, varlıklarının sınırı yok diye. Nereden kazanıyorlar bu parayı bilmiyorum ama sürekli tatil. Bana diyor ki, "Sen niye böylesin?", "Adam rüşvet yiyor." diyorum. Aldığım cevap, "Olsun gemisini yürüten kaptan." Neye mal olursa olsun ayar kaçmış. Varlığından mutlu olamıyor.

---

[24]*İsmet Özel*

Ahlaki davranış ve seçimler çok mantıklı olmayabilir. Mantığa bakmamak lazım her zaman. Mantıklı olursa ne güzel ama her zaman mantıklı olmayabilir. Diyor ki Ahmet Murat;

Önce sola, sonra sağa, yine sola

Bakan akıldır, kalp uzatmaz.

Akıl iki kere ikiyi iyice bilir

Kalp ikiyi inkar edecektir.

Dünyanın sınırlı bir yapısı ve çerçevesi var. Akıl bu çerçeveyi kabul ediyor. Kalp daha ötesi var diyor. Akıl gördüğümdür, duyduğumdur diyor, kalp daha ötesi var diyor. Dolayısıyla bazı ahlaki seçimler insanlar tarafından size enayi gözüyle bakılmasına yol açabilir. Hiç problem değil. Akli olanı değil kalbi olanı tercih etmemiz lazım. Kalp rahat etmedi mi sıkıntı büyür. Akıl ne kadar mantıklı düşünürse düşünsün yaptığınız seçimden kalp rahatsız olmamalı.

Akılla çok ölçüp biçmekten ziyade, akıl kalbi ikna edemiyorsa ikna edene kadar bekleyin. Nitekim Peygamberimize adamın biri iyiliği sorduğunda; "Yaptığında kalbinin rahat ettiği şeydir." cevabını alıyor. Kötülüğü soruyor; "Yaptığında kalbinin rahatsız olduğu şeydir." diyor.

Kim ne derse desin kalbine sor. Kalp çok kıymetli bir şey. Akıl o kadar konuşuyor, ona o kadar sorular soruyor ve onu o kadar çok yüceltiyoruz ki kalbin sesi kesildi, zayıfladı, duymuyoruz. Kalbimiz başka bir dilde konuşmaya başladı. Bu sebeple kalbe değer ve öncelik vermekte fayda

Dünyanın sınırlı bir yapısı ve çerçevesi var. Akıl bu çerçeveyi kabul ediyor. Kalp daha ötesi var diyor.

var. Ahlaki davranış noktasında aklımız enayi durumuna düşeceğimizi söylese de doğru olan neyse onu yapmamız lazım. Son kertede kazanan biz olacağız.

Ruhun ihtiyaçları bedenden farklı. Şayet ruhun ihtiyacını bedene karşılatmaya çalışırsak patladı gitti olay. Ruh başka bir şey istiyor beden başka bir şey istiyor. Beden yemek yiyerek doymak istiyor. Doymaya ihtiyacı var ama siz ruhun tatminini yemeğe bulaştırırsanız obez olursunuz, bir sürü hastalık yaşarsınız. Beden para isteyebilir, makam, araba isteyebilir. Ama siz ruhun ihtiyacını para, makam, şöhret olarak değerlendirirseniz ruhu zehirlersiniz bir türlü doymayan bir sürece girersiniz.

Bedeni ihtiyaçları reddetmek anlamında söylemiyorum ama bedenin ihtiyaçlarını bedenin karşılamasına müsaade edip daha fazlasını istememek, ruhun ihtiyaçlarını ruhun karşılamasına imkan sağlayıp müsaade etmek anlamında söylüyorum.

Muzaffer Ozak Efendi'nin çok güzel bir hatırası var: Bayramda elini öpmeye gelen çocuklara para verir, "Cebinde çok olsun, kalbinde yok olsun." dermiş. Cepte paraya ihtiyaç var ama kalpte ihtiyaç yok. Kalbe girmesin. Nitekim eskiler gömlek cebine para koymazlarmış. Sevgisi girmesin diye. Nasıl cep telefonunu gömlek cebine koymayın, radyasyonu kalbi etkiler diyorlar. Paranın da bir radyasyonu var, etkiler. Kalbe girmemesi cepte kalması gerek. Bedenin ihtiyacını karşılayalım yok saymayalım ama bedenin ihtiyacını ruhun ihtiyacı gibi görüp ruhun ihtiyacını beden üzerinden karşılamayalım.

Ruhun ayrı bir gündemi var ve de olması lazım. Ayrı bir çalışma ve gayret istiyor. Beden sınırlı, ruh sınırsızdır. Bedenin ihtiyacı bir yerde bıktırıyor. Tatlıyı çok seviyorsunuz. Otuz tane yiyemezsiniz, bıkarsınız. Neyi çok severseniz bir yerde bıktırır. Bir yerde bedeni hasta edebilir. Ama ruhta böyle bir durum söz konusu değil. Ruh sınırsız. O yüzden bir şeye yatırım yapacak, peşine düşeceksek sınırsız olanı seçmemiz lazım ki aradığımızı esas oradan bulalım.

Ahlak Huysuzlaştırır mı?

Bazılarına göre evet. Gözlemlediğime göre bizim en çok ahlakımızı bozan insanlar arkadaşlarımız, ailemiz. Bir ilkemiz var, karar alacağız. "Ya ne olacak canım bir defa yapalım" şunu diyenler çıkıyor ve bir anda bambaşka bir insan olmaya doğru bir adım atıyoruz ve kaybolup gidiyoruz. Bu sebeple ahlaklı bir insan olmak biraz huysuzluk istiyor.

Aslına bakarsak başarılı insanlar büyük oranda huysuz olarak algılayabileceğimiz insanlar. Fuat Sezgin Hoca'ya bakın, hangisine bakarsanız bakın adamlar baya huysuz yani. Niye? Huysuz olmasa başarılı olamaz. Her gelene evet dese, hiç kimseye hayır diyemese, kendi gündemini kaybedecek, kendi sistemini kaybedecek, kendi ahlakını kaybedecek.

Ahlak dediğimiz şey duruş sağlam olduğu için zaman zaman huysuz algılanmaya rağmen devam edilmesi gereken şeydir. Sizi huysuz algılasınlar, istedikleri şekle girmediğiniz için huysuz mu diyorlar, desinler. Siz deyin ki istediği şekle girmedim. Sizden ahlaki davranışlarınızla ilgili taviz istediler, vermediniz diye huysuz mu diyorlar, desinler. Siz ahlaki anlamda taviz vermeyen insan olarak bilin kendinizi. Onların verdiği sıfatı almayın. Bu noktada sebat edebilme, vazgeçmeme, caymama gücü çok önemli. Bu huysuzluk yapmadan elde edilebilecek bir güç değil. Çünkü siz de istiyorsunuz bazen o yola gitmeyi. Örneğin beslenme ile alakalı bir diyete başladınız. Yanınızdaki insanlar bir defadan bir şey olmaz diyorlar. Bir defa saldınız mı zaten gerisi geliyor. Sebat edebilmek ve hayır diyebilmek çok önemli çünkü sizin de içiniz gidiyor.

Biraz huysuz, net olmak lazım ki size rağmen terbiye edebilene kadar kendinizi, ayakta kalabilmeniz mümkün olsun. Hayır diyebilme gücü bu noktada çok çok önemli. Her şeye evet dediğimizde kaybolmamız çok mümkün.

Ahlak Müstağni Yapar

Müstağni ne demek? İçinde yeterince zengin, başka bir şeye ihtiyaç duymuyor. Başka bir şeyin fakirliğini çekmiyor. Süleyman Çobanoğlu'nun güzel bir şiiri var.

"Akçasını almadım, ipeğini giymedim

Hiçbirine bakmadım, Kadir Mevla tanıktır.

Yavan aştan dökülmüş bir sofraya oturdum

Korkut Ata, Aprınçur, Yunus Emre konuktur."

Bu istiğna. Gözümde değil akçası, ipeği. Bakmadım zaten. Kadir Mevla tanıktır diyor. Yavan aştan dökülmüş sofraya oturdum, sofranın müdavimleri de sağlam adamlar. Bana da o lazım diyor. Bu noktada istiğna çok önemli. İmkanı olduğu halde tercih etmemek kritik öneme sahip.

Hali vakti yerinde bir teyzemiz vardı. Dedi ki bir gün; "Oğlum ihtiyacım vardı, param da vardı. Pazara gittim ama istediğim şeyi almadım." "Niye?" dedim. "Her istediğini her zaman alamazsın, kendime öğretmek için." dedi. İnsanın kendine ayar çekmesi çok önemli. Buna ihtiyacı var hepimizin. Milattan 200 yıl önce yazılmış bir ahlak kitabında diyor ki; "İnsanlar koyunları yoldan çıktığında hemen toparlarlar, kalpleri yoldan çıktığında peşine düşmezler." Kalp de yoldan çıkar. Peşine düşmek ve tekrar yola sokmak gerekiyor. İnsanın kendi içinde zengin olduğu için başka bir şeye meyletmemesi, bakmaması çok önemli.

Ahlak İstikamet Verir

"Sen usandırma eli, el de usandırmaz seni

Hilekarlık eyleme, kimse dolandırmaz seni

Dest-i a'dadan soğuk su içme, kandırmaz seni

Korkma düşmandan, ki ateş olsa yandırmaz seni

Müstakim ol, Hazret-i Allah utandırmaz seni."

(Diyarbakırlı Said Paşa)

Şunu söyleyebiliyorsa bir kişi onu kimse yıkamaz. Bu sebeple ahlaklı olmak insana gideceği yol hakkında, yapacağı iş hakkında istikamet verir. İstikamet olduktan sonra da Allah utandırmaz kimseyi. Ateş olsa yandırmaz seni diyor. İbrahim'i (a.s) yandırmadı işte. Bugün de bir sürü insan ateşlerden kurtuluyor, sağ kalıyor. Bilmiyoruz, göremiyoruz. Kötü haberler kadar iyi haberler, zalimlik haberleri kadar kahramanlık haberleri gündemimizde yer almıyor.

Ahlak Bereket Verir

Bir arkadaş grubuma, hafta sonu arkadaşlarla buluşacağım, ahlak ile ilgili konuşmak istiyorum. "Sizin yaşadığınız bir şey var mı?" dedim. Birisi anlattı. "Benim bir ev sahibim var. Çaycılık yapıyor. Para biriktirip ev almış zamanında. Kendisi hala kirada oturuyor. Çünkü mahallesini seviyor. Ama evini gelir getirmesi için kiraya vermiş. Kiranın zam zamanı gelince telefon bekledim arar diye aramadı. En son ben aradım. Zam zamanı geldiğini söyledim. 'Ne diyorsun?' dedi. 'Sen ev sahibisin abi. Ne dersen o.' dedim. 'Sen ne istiyorsun, senin gönlünden ne geçiyor?' dedi. 'Ben hesap ettim bin 500'e çıkıyor. Sen bilirsin yine de.' dedim. Daha önce bin 300'e oturuyordum. 'O zaman sen bin 400 versen ama yine de gönüllü vereceksen ver yoksa yapmayalım zam.'

dedi. 'Gönüllü vermezsen bereketi olmaz.' dedi." İşte bu çok kıymetli bir şey. Asıl mesele bereketin peşinde olabilmek meselesi.

Başka bir arkadaş ev sahibinin ne zaman para yatırsa, "Teşekkür ederim Allah bereket versin, Allah yerine koysun." diye mesaj attığını söyledi. Ötekisi "Benim başıma gelmedi ama arkadaşımın ev sahibi bayramlarda kira almıyor." dedi. "Çocuğun oldu, masrafın çok olur." diye çocuğu olduğu ayda kira almamış. Bunlar duyduklarımız. Duymadıklarımız da çok var...

Maalesef 2020 yılının başlarında Elazığ'da elim bir deprem hadisesi yaşadık. İnsanlarımızı kaybettik. Toplum seferber oldu. Dolayısıyla ahlakın bereket olduğuna dair bir inancımız var bizim -toplumumuzdan silinmemiş ve inşallah silinmesin-.

Yurt dışından çok misafirim geliyor. Bunlara standart Türk insanı ne yaparsa onu yapıyorum. Yediriyorum, içiriyorum, gezdiriyorum. Her seferinde, "Misafirperverlik hakkında sizden öğreneceğimiz çok şey var." diyorlar. Mesela para ödüyorum, "Emin misin gerçekten ödemek istiyor musun?" diyorlar. "Evet ev sahibiyim ben ödeyeceğim." diyorum inanamıyorlar. Garip geliyor onlara. Bazıları bir sonrakini bana mı ödetecek, bir şey mi isteyecek diye şüphe ediyor. Bakıyorlar böyle bir durum da yok. Bizim toplumumuzda bereketle ilgili güzel bir algı oturmuş. Kaybetmememiz lazım. Ahlak bereket verir.

Bir arkadaş daha vardı. Arkadaşla beraber otobüse binmiş Fatih'e gitmek için. Şoföre, "Abi selamun aleyküm. Nasılsın, iyi misin?" demiş. Biraz daha ilerleyince şoför frene basmış. Ne oluyor diye bakmışlar. "30 yıllık şoförüm ilk defa birisi bana böyle selam verip, halimi hatırımı soruyor." demiş. Adam mutlu olmuş. Ben de gaza geldim, oturunca yanımdakine de selam verdim, şimdi çok iyi arkadaşız diye anlatıyor. Hakikaten kolay bir şey. Ahlaklı davranış hayatımızı güzelleştirecek, kolaylaştıracak.

Bir kız çocuğu okula gidiyor. Görürsünüz, görünce mutlu olursunuz başka bir şey yapmasına gerek yok. Görmek yetiyor mutlu olmak için. Kız çocuğu annesiyle okula giderken gördüğü bir adama gülümsemiş. Adam öyle mutlu olmuş ki günü aydınlanmış. Aklına bir arkadaşı gelmiş uzun zamandır aramadığı. Arıyor ve konuşuyorlar. Aradığı adam çok mutlu oluyor. O sırada kapısı çalınıyor. Bir çalışanı zam istiyor, çoluk çocuğunun halinden bahsediyor. Adamın da keyfi yerinde veriyor zammı. Ondan sonra adam akşam çıkıyor işten yolda bir dilenci görüyor. Zammın verdiği mutlulukla dilenciye sadaka veriyor. Dilenci bu parayla kendisine yiyecek bir şeyler alıyor ve yolda bir köpek görüyor. Köpeğe yemek veriyor ve bir apartmanda kaldığı bodrum dairesine götürüyor. Geceleyin köpek sürekli havlıyor, apartmanı ayağa kaldırıyor herkes sokaklara dökülüyor. Meğer yangın çıkmış. Apartmandaki yangından kurtulanlardan birisi de kim biliyor musunuz? İlk tebessümü veren o küçük kız. Ahlak döner dolaşır, fark edelim ya da fark etmeyelim bereketiyle bizi bulur. Fantastik bir hikaye gibi gelebilir ama günlük hayatta buna benzer birçok hikaye mevcut.

Bir sabah telefonum çaldı. İstanbul Emniyeti'nde Olay Yeri İncelemede çalışan bir abi. Bir defa görmüştüm kendisini. Beni radyodan dinlemiş ve oradan telefonumu istemiş. Arada arar beni. Bir gün dedi ki: "Mehmet Abi nasılsın, iyi misin? Otobüste gidiyordum aklıma geldin. Bir hal hatır sorayım. İnşallah iyisindir. Vaktini çok almamayım. Görüşürüz." dedi. Mutlu oldum. İnsanı mutlu etmek çok zor değil. Ahlaklı davranışın çok bereketi vardır. Gördüğümüz, görmediğimiz bir sürü insanı mutlu edebilir.

Ahlak Fark Ettirir

Ahlaklı davranışı fark etmek de bir ahlaktır. Doğru davranışı, iyi davranışı, güzel davranışı fark etmek de bir ahlak. O ahlakımız biraz zayıf gibi. Tenkitte çok cömert davranıyoruz fakat takdirde biraz cimriyiz. Yanlış işi hemen görüyoruz, anlatıyoruz, konuşuyoruz. Doğru işi biraz az konuşuyoruz. Az gündeme getiriyoruz, az fark ediyoruz. Halbuki ahlaklı işi fark etmek de bir ahlaktır.

Bir arkadaş, "Abi şikayet kutusu var fakat memnuniyet kutusu yok." dedi. Geçen akşam bir ciğerciye gitmiş ve "Bu saatte çok yemeyeyim yarım porsiyon verir misiniz?" demiş. Menüyü bozamayız tepkileri falan oluyor ya bazen. Fakat bunlar sorun etmemiş ve getirmişler yarım porsiyon. Yemekten sonra da çay ikram etmişler. Arkadaşın çok hoşuna gitmiş ve garsonu çağırmış. Kağıt isteyince garson, "Abi kusur mu işledik?" demiş. Arkadaş ise "Hayır bilakis çok memnun kaldım." demiş ve bunu aktarmış.

Memnuniyetle alakalı sıkıntımız var. Girdiğimiz, çıktığımız her yerde güzel gördüğümüz şeyleri ifade etmeye başlasak çok güzel bir şekilde yayılır bu. Güzel şeyleri takdir etme anlamında böyle bir şeye başlayabiliriz.

Ahlak Risklidir

İyilik yapıp hayal kırıklığına uğramış bir sürü insan hikayesi vardır zihnimizde. Bununla alakalı sözlerimiz bile var. "İyilik yapmadım ki başım ağrısın," "Merhametten maraz doğar," "Besle kargayı oysun gözünü." Hep böyle iyilik yaptım kötülük buldum, iyilik yapmak ne kadar kötü bir şey noktasına getirecek şeyler.

Her şeyin bir riski var. Ahlaklı davranışın da bir riski var. Sokakta yürürken başımıza tuğla düşebilir mi? Evet,

Yaşamak risk almaktır başlı başına. Başka türlü yaşayamayız, hareket bile edemeyiz.

düşenler var. Risk var mı? Evet var. Kırmızı ışık yanıyor ve karşıya geçiyoruz. Fakat bir araba durmayıp bize vurabilir mi? Evet vurabilir. Bunları bildiğimiz halde bu riskleri alıyor muyuz? Alıyoruz. Berbere gidince adamın elinde ustura var. Bindiğiniz otobüs kaza yapabilir. Bir şey olur mu? Olabilir, bilemeyiz. Bütün bunları bildiğimiz halde risk alıyoruz.

Yaşamak risk almaktır başlı başına. Başka türlü yaşayamayız, hareket bile edemeyiz. Dolayısıyla yaşamak başlı başına risk olduğu halde, o riski alıyoruz. Bunlar gibi ahlaklı davranışla ilgili de risk var. İyilik yaptığınızda iyilik görmeyebilirsiniz. Her sabah karşılaştığım insanlara selam veriyorum. Bir iki insan dışında kimse cevap vermiyor hatta yüzüme saf saf bakıyorlar. Fakat zamanla birkaç tanesini daha alıştırdım. Birkaçı hala selam almıyor. Nasıl insanlar kötülükte inat ediyorsa iyilikte de inat etmek lazım. Dolayısıyla selam verdiğinizde alınmaması bir risk. İnsan kendini kötü hissediyor, çok yaşadım biliyorum. Ama olsun bu riski alabilirim ben. Ölmem bu riski alırsam. İyilik yaptım ve karşılığını alamayabilirim. Bu riski de alabilirim.

Çok büyük hayaller kurmamamız lazım yaptığımız iyiliklerle alakalı. Karşılık beklediğimiz için yapmamamız lazım. Zaten o zaman iyilik olmaz, borç vermek olur. İyilik borç gibi değil bizim kültürümüzde; “İyilik yap denize at, balık bilmez ise Halık bilir.” Bilmesi gereken O (c.c.), insan bilmese de olur. İyilik yapmak başlı başına bir risk. Bilinmeyebilir, fark edilmeyebilir, pişman olacağınız durumlar olabilir. Bu riski alacağız. Biz, bize iyilik yapmak yakıştığı için yapıyoruz, kimseye borç vermeden. Herkes kendine yakışanı yapsın.

Ahlak Kişi Değildir

Ahlaki anlamda örnek aldığımız insanlar bazen ahlaksız davranış gösterebilirler. Problem değil. Bu demek değil ki ahlaktan, ahlaklı davranışlardan ve insanlardan soğuyalım. Maalesef yine çok yaygın olarak gördüğüm bir şey var. Bazı şeyleri bazı kişilerle bütünleştirip o insanları olağanüstü insan yapıyoruz. Kimse olağanüstü insan olmadığı için en ufak bir hatasında hayal kırıklığı yaşıyoruz.

Bir dostumuz var, kendisi psikolog. Harikulade bir insan ama olağanüstü bir insan değil. Yazdıklarını, konuştuklarını dinleyenler buna çok büyük umutlarla gidiyorlar. Dokunduğunda ya da bir şey söylediğinde iyileşmeyi bekliyorlar. Geliyorlar, ardından hayal kırıklığı yaşıyorlar. O dostumuz, "Ben olağanüstü insan değilim ki, benim de hatalarım var." diyor. Hiçbirimiz olağanüstü insan değiliz. Bu sebeple ahlaki davranışı insan ile eşleştirmeyelim. Bizim eşleştirdiğimiz insan hata yaptı diye o davranıştan soğumayalım, geri durmayalım.

Ahlaksızlık Hastalıktır, Zayıflatır

Çok güzel bir söz var: "İnsan için önüne çıkan bütün yollar yürünebilir yol ise; o insan artık kaybolmuştur!"[25] Her yola girilmez, her iş yapılmaz, her insanla konuşulmaz, her ilişki kurulmaz. İnsanın bazı sınırlarının ve duruşlarının olması lazım. Yoksa insan ne yapacağını şaşırmış halde oraya buraya savrulur gider.

2019 yılında Fransa'da bir gazete araştırma yapmış. Fransa'daki insanların yüzde 70'i nereye tatile gideceğini sosyal medyaya göre seçiyormuş. Sevdiği, dikkatini çektiği için mi? Hayır. Sosyal medyada gördüğü, herkes oraya gittiği için. Kendine dair bir önceliği, çerçevesi, gündemi yok. Herkes nereye gidiyor, oraya gidiyor. Bu sene bu moda onu

---

[25] *İsmet Özel*

alalım. Diğer sene şu moda onu yapalım. Her kılığa girebiliyor insan. Sadece o dönem hakim dalgayı takip ettiği için, birey şahsiyeti olmadığı için. Şahsiyeti kaybetmemek için her yolun yürünebilir olmaması lazım. Ahlak böyle bir duruş vermiyorsa insan zayıflar, güçsüzleşir, hastalanır. Her yola girer hale gelir, yeter ki yol görünsün.

Bir araştırma var tırtıllarla ilgili. Tırtılın ana yiyeceği yapraklar. Tırtıllar, önündeki tırtılın yaprağa gittiğini düşünerek hep onu takip ederlermiş. Zalim bilim adamları bu konuda bir araştırma yapmışlar. Tırtılları yuvarlak bir şeyin içine koymuşlar. Bir kenarda ise ot var. Fakat tırtıllar yuvarlağın içinde dönerek birbirini takip ederek açlıktan ölmüşler. Yanı başlarında ot olmasına rağmen çıkmaz yola girmişler birbirlerini takip ederek. Popüler kültür de çıkmaz bir yola sokuyor bizi. Herkes birbirini takip ediyor. Benim neye ihtiyacım var? Neyi düşünüyorum? Benim önceliğim ne? Ahlakım bana ne emrediyor? Kimse düşünmüyor. Bunları düşünmediği içinde birbirini takip eden milyonlar, milyarlar türemiş oldu. Bu sebeple ruhumuz zayıflıyor ve gıdasını alamadığı için kuruyor, ölüyor.

İnsan Olan Bunu Yapmaz

"İnsan olan bunu yapmaz değil,

insan olan bunu yaptırmaz."

(Nurettin Topçu)

Sadece iyi davranış yetmez, kötü davranışa da karşı koymak lazım. Selam kelimesi zaten biraz da budur. Bir kitapta okumuştum "selamun aleyküm" ifadesinin anlamını. Barış üzerine olsun, selamlık üzerine olsun demek. Aynı zamanda iki anlamı daha vardır yazıyordu. Selam verdiğinizde karşıdakine garanti vermiş oluyorsunuz. Bir anlamda bana güvenebilirsin demektir. "Benden sana zarar gelmez, rahat ol" garantisini vermektir. İkinci bir manası daha var; benim yanımda sana zarar gelmez, ben seni kendim gibi korurum.

Yeni Zelanda'da 2019 yılında bir katliam hadisesi oldu. Bu hadiseden sonra, Narrative Terapi topluluğunun başındaki Cheryl White aradı beni, ne yapacağımı sordu. Protestoya gideceğimi söylediğimde "Herkes protesto ediyor, bizim başka bir şeyler yapmamız lazım." dedi. "Ne yapalım?" dedim, "Gel konuşalım." dedi. Gittim, bir tek ben Müslümanım. Oturduk, bu hadise üzerine bir şey yapmamız lazım diye düşündük. Sessiz kalamayız, küçük de olsa bir adım atmamız gerek. Ben bu selamın anlamını anlattım. "Selam benden yana rahatsın, benimle beraberde güvendesin demek" dedim.

Böyle bir hadise Yeni Zelanda'da oldu ama örneğin Avustralya'daki Müslümanlar buna çok şaşırmadılar. Çünkü küçük küçük buna benzer hadiseler ülkede her gün yaşanıyordu. Medyanın inanılmaz derecede pompaladığı bir İslamofobi var. Bu sebeple Müslüman olduğu bariz olan insanlar hele de renkleri koyuysa direkt olarak hedef haline geliyorlar.

Müslüman bir insan için, sokakta dolaşmak noktasında böylesi bir psikolojik savaş var. Bu sebeple Müslümanlara yönelik destek çalışması çok önemli değil dedim. Daha ziyade Müslüman olmayanlara dönük İslamofobiyi kırma çalışması yapmak lazım. Müslüman olmayanların kendini temizlemesi lazım.

Davetine icabet ettiği arkadaş, "O zaman bizim merkezimize bağlı terapistlere 'selamun aleyküm', benimle güvendesin yazılı bir tişört tasarlayalım." dedi. Yola çıktık ve zannediyorum ki dünyanın 30 ayrı ülkesinde terapistler bu tişörtü giydiler. Müslüman olmayan terapistler, Müslümanlara ne benden sana zarar gelecek ne de başkasının sana zarar vermesine izin vereceğim mesajı vermiş oldu. Bu sebeple sadece yapmamak değil yaptırmamak, yapıldıysa da karşıt tepki geliştirmek çok önemli. Bununla alakalı birkaç çalışma daha yapıldı. İnsan olan yapmaz değil, insan olan yaptırmaz da aynı zamanda. Bir şekilde yapıldıysa da tepki koymak lazım. Sadece durumlara üzülmek yetmez. Mutlaka karşıt adım da atmak gerekli.

"İyilik yapmak gibi kötülüğe engel olmak da ahlakın meselesi değil mi?"

(Nurettin Topçu)

"Biliyorum üstümde gökyüzünü tutan ne?"

(Süleyman Çobanoğlu)

Gökyüzü duruyorsa adalet ile duruyor. Zulüm ile gökyüzü durmaz. Adaleti ne kadar korursak, insanlara zarar verilmesine ne kadar mani olursak, gökyüzü o kadar sağlam duracak. Zulümlere ne kadar sessiz kalırsak, göz yumarsak o kadar sıkıntı olacak.

Ahlak Sakindir

Ahlaksızlık acelecidir. Bir an önce olsun der, çokluklara boğar. Ahlakın hiç öyle bir derdi yok. Zaten kanıtlanmış bir iddiası var. Ahlaksızlığın kanıtlanmış bir iddiası yok. İkna etmek için gündeminizi boğmaya çalışır.

Ahlak sakindir. Koşturmaya gerek yok. Kendini göstermeye gerek yok. Bir günde gerçekleşecek hedefi yok. Uzun vadede yavaş ve doğru yürünecek bir yol var. Bu noktada acele etmemek kritik meselelerden birisidir.

Ahlak Kahramanları

Ahlak kahramanları çok önemli ve çok var. Fakat kendilerinden başka kimse bilmiyor. Görünmezler, görünmek istemezler. Etrafımızda, her yerde varlar. Fark etmek lazım. Kendi içimizdeki ahlak kahramanını da fark edip çıkartmak lazım. Biz de o topluluğa dahil olabilir, bir ahlak kahramanı olabiliriz. Yeter ki ahlak konusunda bir derdimiz olsun. Eminim böyle bir derdimiz var. Artırmaya çalışmamız ve daha fazla yaygınlaştırmamız lazım.

Haberler Üzerinden Ahlaksızlığın Normalleşmesi

Haberler üzerinden ahlaksızlığın normalleşmesi çok yaygın bir durum. Kötülüğü sürekli anlatıyorlar ve bir anda norm haline geliyor. Herkes kötü, perişan, sıkıntılı gibi geliyor. Kimse kimseye selam veremez, güvenemez hale geliyor. Bu yüzden haber bültenlerine bir sınır koymak lazım. Ne olur seyretmeyin haber bültenlerini. Kötü haber vermeyen haber kanallarını seyretmeye çalışın. İşinize yarayan bilgileri bulacağınız kaynakları takip etmeye çalışın.

Şimdi alternatifler var. Önceden büyükler ajans saatini kaçırmazlardı. Çünkü dünyaya dair haber duyacakları tek kanal oydu. Şimdi dikkatinizi çeken, ihtiyaç duyduğunuz bilgiye ulaşmak için bir sürü kaynak var. Ama size kötü haberleri veren, zihninize çöp tenekesi muamelesi yapan haber kanallarına itibar etmeyin.

Ahlak Dindarlık Değil, İnsanlıktır

Dindar birinin ahlaksızlık yapması, ahlakı iptal etmez. En temelde insani olarak bir araya gelemediğimiz insanla zaten İslami olarak bir araya gelemeyiz. İnsani ahlak temeldir. Onun üzerine dindarlık olur ya da olmaz. Olmasa da sıkıntı değil ama ahlakın olmadığı dindarlık problemdir. Böyle bir şey yok. Rıfkı Melül Meriç'in çok güzel bir şiiri var;

"Her zerresi hep mağfiret, asaniyet.

Maruf'i sefa münker'i nefsaniyet

Tahkik ile bin netice öğrendim ki

İslamiyetle birdir insaniyet."

İslamiyet'in temel hedefi ahlaklı insandır. Ötekiler ikinci plan. Birinci planda kötülüğe mani olmak var, iyiliği kolaylaştırmak, iyiliği yaymaya çalışmak var. İnsanlara faydalı olmak temel meseledir.

Nasıl Daha Ahlaklı Olabilirim?

İş kuracakları zaman insanlar ticaret planı yapıyorlar ya, gelir nereden gelir, onu nereden tedarik ederim, şunu nereden kiralarım. Okul ile alakalı öğrenciler çalışıyor ya, hangi üniversiteyi seçeyim, sınavları nasıl geçeyim gibi her şeyle ilgili çalışıyoruz. Nasıl daha ahlaklı olabilirim konusu üzerine çalışmamız lazım.

Ahlakla ilgili de çalışalım. Nasıl daha iyi bir insan olabilirim, nasıl daha iyi ilişkiler geliştirebilirim, nasıl daha ahlaklı davranabilirim. Ahlak konusu; çalışmayı, araştırmayı çok hak ediyor.

Ahlakı Doğru Tanımak

Kafamızda ahlakla ilgili tanımlar var. Eski klasik ahlak kitaplarımızdan birinde *(Tehzîbü'l-Ahlak)* ahlaki erdemleri sınıflandırıyor. Mesela yiğitliğin içine yumuşaklığı koymuş. Yan yana gelmez gibi görünüyor. Halbuki sinirli, öfkeli olduğun zaman yumuşak davranabilmen yiğitliktir diyor. Cömertliğin içine hoşgörüyü koymuş. Hoşgörü gösterebilmek cömertliktir. İlla para vermene gerek yok. Yanlış bir şey yapanı hoş gördün mü cömert insansın. İffette hür olmayı yazmış. Hür olmak, bağımsız olmak, insanın arzularının esiri olmaması iffetin bir parçasıdır diyor. Adaletin içine dostluğu koymuş. Dostluk, iyilik yapan bir insana sevgi olarak adil davranmak, dostluk kurmak adalettir diyor.

İnsanın işini doğru yapması adalet, doğru yapmaması adaletsizlik, zulümdür. Bu sebeple ahlaki kavramları doğru yerine oturtmak çok önemli. Yiğitlik; vurmak, kırmak, dökmek, kaba saba olmak falan değildir. Yiğitlik; yumuşak huyluluktur.

Ahlak Sınanmayı Geçmektir

Hiçbir problem yaşamadan kenarlardan dolanmak ahlaklı davranmak değil, zor durumların ortasında sapasağlam kalabilmek ahlaklı olmaktır. "Zor bir durum yaşamıştım yoksa ben de ahlaklı davranacaktım." türünden sözler edemeyiz. Zaten o anda ahlaklı davranış göstermek gerekiyor. Ahlak orada kendisini gösterecek. O yüzden, sınanmamak değil sınanmayı geçmek ahlaktır. Biz de şu anda bir şeylerle sınanıyor olabiliriz. Doğru davranmamız ahlaklı olandır. Yoksa sınanmamak, mazeret bulmak değil. Sıkıntılı zamanda ahlaklı davranmaktır esas ahlak olan.

Bir büyüğümüz anlattı: "Çocukken kalabalık bir misafir grubu gelmişti. Annem bizi bir odaya aldı. 5-6 çocuk odada oynuyoruz. Baktık yastıklar var, başladık yastıklarla birbirimize vurmaya. Bir süre sonra bir fark ettik ki yerler hep tüy olmuş, yastıklar parçalanmış. Annem bir kapıyı açtı. -şimdiki gibi dükkandan kolaylıkla alınan bir nesne değil yastık. O tüyleri toplayıp dikmesi gerekecek. En az bir haftalık yastıklarla geçirmesi gereken mesaisi var- Bekledim ki bana vursun, kızsın; 'Oğlum, insan sevdiğini üzer mi? Sen beni hiç sevmiyor musun?' dedi ve kapıyı kapattı. O gün bugündür unutmam. Bana ders oldu. Sevdiğim insanları üzmeme, kırmama noktasında çok hassasım."

En sinirli zamanımızda, en zor zamanımızda doğru davranmamızdır ahlak. Yoksa sakin zamanda, hiçbir şey yokken herkes nazik, güler yüzlü, yardımsever.

En sinirli zamanımızda, en zor zamanımızda doğru davranmamızdır ahlak. Yoksa sakin zamanda, hiçbir şey yokken herkes nazik, güler yüzlü, yardımsever.

Ahlaklı olabilmek, ahlakı muhafaza edebilmek için ahlaklı insanlarla bir arada olmak çok önemlidir. İşte Yunus Emre bir şiirinde der ki;

"Erenlerin sohbeti, ele giresi değil,

Sohbete kavuşanlar, mahrum kalası değil.

Gezmek gerek her yeri, bulmak için bir eri,

Sarraf tanır cevheri, herkes bilesi değil.

Bir pınarın yanına, kapalı testi kona,

Kırk yıl orada dura, kendi dolası değil.

Sohbetle parlar iman, talip kazanır irfan,

İnsanı arif yapan, fesi, hırkası değil.

Önce doğru iman et, haramdan el etek çek,

Ruha gıdadır sohbet, badem helvası değil!"

Uzun süredir "Nasıl doğru yaşanır?" noktasında kendimde test ettiğim şeyler oluyor. Sonunda şu noktaya geldim: Bilmek yetmiyor, yapmak yetmiyor, hatırlamak lazım. Bunun için de hatırlatacak ya da beraber hatırlayacağınız insanlarla düzenli bir araya gelmeniz çok önemli.

Dostluğun Kitabı

Genç yaşlarında ağır bir kaza geçirmiş. O zamandan beri devam eden hastalıkları ve ağrıları var. Orta yaşlarını sürerken durumu daha da ağırlaşıyor. Doktorları bedeninin bu hastalık ve ağrıları daha fazla kaldıramayacağını düşünüyor. Kendisi de ağrılarının artan şiddetinden bunu anlayabiliyor. Kimseye bir şey söylemiyor ama. Kimseye sezdirmiyor. Mümkün olduğu kadar her şey normalmiş gibi davranmaya çalışıyor. Ciddi anlamda zorlansa da çektiği sıkıntıları yalnız çekmeye gayret ediyor. Sevdikleriyle ağrısı, sızısı olmadığı zamanlarda görüşmeye, buluşmaya dikkat ediyor. Bu arada bir plan yapıyor. Değil mi ki yaklaşıyor yaklaşmakta olan, kaçmak yerine karşılamayı tercih ediyor.

Önce kalbini kırdıklarını düşünüyor. Bir şekilde irtibat kuruyor hepsiyle. Hediye veriyor, hediye gönderiyor, arıyor, hal hatır soruyor ve gönüllerini yeniden yapmaya çalışıyor hepsinin. Bu arada ağrısı sızısı daha da artıyor. Sessiz kalması, kendi başına yaşaması gitgide daha zor oluyor. Yine de ses etmiyor. Planını sürdürmekte kararlı davranıyor. Planın ikinci basamağına geçiyor. Sevdiklerine fazladan güzellikler yapmaya başlıyor. Mümkün olduğunca, elinden geldiğince güzel vakit geçirsinler diye uğraşıyor beraberlerken. Sevdiklerinin ona karşı sevgisi, düşkünlükleri artıyor. Sevdikleri daha fazla hayatına dahil olmak, daha sık görüşmek istiyorlar. Ancak bu sırrının açığa çıkması olur. Bahaneler buluyor, izin vermiyor.

Derken planının üçüncü ve son adımına sıra geliyor. Bu adımı en sevdiği dostu için atıyor. Uzun yıllardır tanıdığı, çok sevdiği, yaşamayı en çok da daha fazla görmek istediği dostu için. Kendisini en iyi tanıdığını, bildiğini, anladığını düşündüğü insan o. Ancak kendisi de onun gönlünün ne kadar güzel, dostluğunun ne kadar sağlam olduğunu biliyor. Bir şey daha biliyor onunla ilgili. Dostu çok çok güzel yazıyor. Hem güzel yazıyor hem güzellikleri yazıyor. Ne zaman okusa onun yazdıklarını, daha iyi hissediyor kendini, daha güçlü, daha huzurlu. O yüzden yazsın istiyor, daha çok yazsın, hep yazsın. Ancak dostu hep bir mazeret ileri sürüyor. Çoğu zaman da haklı mazeretler olduğu için bir şey diyemiyor.

Herkesin hayatında türlü derdi var, herkes sonuçta bir mücadele veriyor bu hayatta. Hal böyleyken ne kadar ısrar edebilir ki? Ama aklına bir çözüm geliyor. Oldum olası çalışmayı sevmiş, israfı sevmemiş bir insan olarak bankada biriken parasını düşünüyor. Bu para ile aklına gelen çözümü gerçekleştirebileceğine inanıyor. Ama önce dostunun aylık ne kadar maaş aldığını öğrenmesi lazım. Bu adım kolay, bir bahane buluşup laf arasında soruyor, öğreniyor. Sıkı dostlar birbirinden ne saklar ki? Sonra dostunun bir yıllık maaşını hesaplıyor. Güzel, banka hesabındaki para dostunun bir yıllık maaşına yetiyor. O zaman vasiyetini yazabilir artık. Ve yazıyor. Diyor ki:

"Benim sevgili dostum bir türlü vakit bulamadığı için gönlünce yazamıyor, hem bizi hem de yazılarından faydalanacak insanları mahrum bırakıyordu. Buraya bir yıllık maaşını bırakıyorum. Benden sonra ne zaman isterse işinden bir yıl izin alsın ve bir kitap yazsın. İstediği konuda, istediği kadar yazabilir. Yeter ki yazsın. Çünkü çok güzel yazıyor. Çünkü yazmak ona iyi geliyor. Çünkü yazdıkları bana iyi geliyor. Çünkü yazdıkları başkalarına da iyi gelecek."

Zamanı geliyor ve acılarını yalnız çektiği gibi ruhunu da yalnız teslim ediyor. Kimseye yük olmadan, kimsenin kalbini kırık bırakmadan, kimseyi arkasından kötü konuşturmadan sessizce bu dünyadan gidiyor. Gitmeden sevdiklerini elinden geldiğince mutlu etmeye çalışarak, ne kadar sevildiklerini onlara göstererek gidiyor. Gitmeden en yakını, en sevdiği dostunu kalbinden hiç çıkarmadan, onun kendisinden sonraki iyiliğini bile düşünerek gidiyor. Sonra gidiyor, gidiyor ama giderken dostluğun kitabını yazarak gidiyor.

Merhamet Adlı Çınar

Kur'an-ı Kerîm'in ifadesiyle Allah Rahman'dır, insan zalimdir. Rahmet sonsuz aydınlıktır, zulüm biteviye karanlıktır. Yaratılmışların en mükemmeli insan, rahmetin aydınlığına zulmün karanlığından kurtularak ulaşabilir. Zulmün zifiri karanlığını yırtmaya rahmetin küçük bir damlası yeter. Elverir ki insan ilahi ahlak ile ahlaklanarak, o damlayı celbedebilmiş olsun.

Nedir ilk adımı ilahi ahlak ile ahlaklanmanın? "Hamdolsun Alemlerin Rabbi Allah'a ki, O Rahman'dır" diye başlıyor Kitabımız, Kur'an'ımız. O halde ilk adım merhameti kuşanmak olmalıdır. Merhamet ki, insanın kendisi ya da başkasının acılarına yönelik hassasiyet sahibi olması, onları fark edecek dikkate ve dindirmek için gayrete gönlünde geniş bir yer vermesi demektir. Acı derken bir tek bedenin acısından mı bahis vardır? Elbette hayır. İnsanın kalbi de acılar içinde kalabilir, aklı da. Onlar da "kanadı kırık kuş" gibi merhamet ister.

Hayat bir imtihan ve her imtihanın doğası gereği zorlukları havi. Merhamet, hayat imtihanının zorluklarını kolay edecek iksirdir. Son yıllarda merhamet üzerine yapılan ve sayısı her geçen gün artan psikoloji araştırmaları söylüyor bunu bize. Merhametin fiziksel sağlığı beslediğini, duygusal iyiliği artırdığını, sosyal ilişkilerimizi güçlendirdiğini gösteriyorlar. En güçlünün hayatta kalacağını temel mottosu yapan evrimcilere karşı bugün merhamet genine sahip olduğumuzu ve insanlığın hayatta kalabilmesi için kaçınılmaz olanın merhamet olduğunu ifade ediyorlar.

Merhametin duygu duruma ne kadar iyi geldiğini, iş yaşamındaki verimi ne kadar arttırdığını, beyin gelişimimizi ne kadar değiştirdiği ve faydalı olduğunu, insanı nasıl ümitvar ve olumlu biri haline getirdiğini, insandaki zarar verme ve suça yönelimi düşürdüğünü, bağışıklığı güçlendirdiğini, hatta ve hatta kalp krizi riskini bile azalttığını gösteren çok sayıda araştırma var bugün elimizde. İşte tam da bu sebeple psikolojinin farklı alanları merhamet odaklı çalışmalara yoğunlaşmışken bütün çalışmalarının özünü şu cümle ile ifade ediyorlar: "Başkalarını mutlu etmek istiyorsan, merhametli ol. Kendini mutlu etmek istiyorsan, merhametli ol."

Bütün bunlarla beraber merhametli olmak menfaati gözetilerek öğrenilip, sonra bir durumla karşılaşıldığında düşünülüp, karar verilip, davranışa dönüştürülen bir bilgi değildir. Bilakis kalbi terbiye ile büyütülüp insan, hayvan, doğa, eşya her türlü varlığa dönük insiyaki (içgüdüsel) olarak ortaya çıkan bir duygu ve davranış bütünlüğüdür merhamet. O halde "senden ümit kesmem kalbinde merhamet adlı bir çınar vardır"[26] diyen şairden ilham alarak merhameti kalbimize ektiğimiz, besleyip büyüttüğümüz bir çınar ağacı olarak düşünelim.

Çınar ağacı her türlü toprakta yetişir. O zaman bilelim ki merhamet adlı çınara sahip olmak için özel bir mekanda, belli bir şehirde bulunmamıza gerek yok-

"Başkalarını mutlu etmek istiyorsan, merhametli ol. Kendini mutlu etmek istiyorsan, merhametli ol."

[26] *Sezai Karakoç*

tur. Nerede olursak olalım, ihlasla gayretle dikersek eğer o fidan tutar.

Çınar ağacı dört mevsimde dikilebilir. O halde kalbimize dikmek ya da besleyip büyütmek için özel zamanları, anları beklemeyelim. Vakit kaybetmeden hemen bugün nasıl diker ya da nasıl besler büyütürüzün peşine düşelim.

Çınarların kökleri sağlam olur, o halde hemen kendi merhamet ağacımızın köklerini nasıl sağlamlaştırırız ona bakalım. Kökündeki imanı ve inancı derinleştirelim, güçlendirelim.

Çınar ağacı çok hızlı şekilde büyür. O zaman kalbimizde merhamet adlı bir çınarımız yoksa bir an önce dikelim hemen büyüyecektir, varsa, daha da besleyelim daha büyük bir çınar olsun da gölgesinden daha çok istifade eden olsun.

Çınar ağacının gövdesi ıslak olduğu için şimşekleri üzerine çeker. Kalbinde merhamet adlı bir çınar büyüten insanın da gözleri ıslaktır ve üzerine şimşek çeker. Dolayısıyla şimşek çekeceğimizi bilerek ama yıkılmamaya ahdederek sağlam durmaya çalışalım.

Çınarın dalları dağınıktır, tek bir yere erişmez, türlü yerlere uzanır. O halde merhamet ağacımız hep aynı mekanlara, aynı insanlara uzanmasın, uzanabileceği türlü yerlere uzanmaya çalışsın.

Çınar ağacının yaprağı beş parmağı açılmış ele benzer. Tutarsak o elden bizi iki cihanda huzura götürecektir. Modern psikoloji araştırmaları bu cihanın huzurunun merhametle olacağını garanti ediyor, öteki cihanın merhametle gelecek huzurunu da biz zaten Kitabımızdan biliyoruz.

Çınar ağacı tozdan ve gazlardan fazla etkilenmez. O yüzden büyük sanayi şehirlerinde bile ayakta ve hayatta kalabilirler. O halde popüler kültürün kaçamadığımız tozları, gazları bize bir şekilde ulaşsa ve bulaşsa da bilelim ki merhamet ağacımız bütün bunlara rağmen sağ ve sağlam kalabilir, bizi etkilemeyebilir. Merhametsizlikten taş kesilmiş şehirlerin tozu ve gazı karşısında kaçmaya ya da teslim olmaya bahane bulmayalım.

Çınar ağacı büyük gölgelidir ve gölgesinden her türlü insan istifade eder. O halde kalbimizde merhamet ağacımız varsa merhametimizden faydalanan insanlar bizi mutsuz ya da rahatsız etmesin, karşılığında beklentimiz olmasın.

Çınar ağacı uzun ömürlüdür. O halde bilelim ki kalbimize diktiğimiz merhamet adlı çınarımız bedenimiz bu dünyayı terk etse bile varlığını sürdürebilir, her türlü varlığa faydalı olmaya devam edebilir. Yeter ki bedeni varlığımızda biz onu güzelce koruyup kollayalım, besleyip büyütelim.

"Önümüzde bir çınar yükseliyor" diyor Cahit Zarifoğlu. Bizim de önümüzde yükselen çınarlar, o çınarları taşıyan yürekler, o yüreklerin sahibi büyükler var. Onları görelim, bilelim ve artlarından gidip biz de sonrakilere takip edecekleri çınarlar büyütelim.

Vefa Hatırdır

Türk Dil Kurumu "sevgiyi sürdürme, sevgi, dostluk bağlılığı" diyor vefa için. İçime sinmiyor, aklıma yatmıyor. Bazı kelimelerin İngilizce karşılığının olamayacağını biliyorum ama yine de şansımı deniyorum. Vefanın karşılığını sadakat ya da bağlılık ile veriyor. Tabi ki bunlar da değil. Ahmet Hamdi Tanpınar'ın "Biz evvela kelimeleri öğreniriz, sonra yaşadıkça teker teker manalarını." sözü aklıma geliyor, biliyorum vefanın da yaşamadıkça anlamı kelimelerle ifade edilemez. Dönüyorum içime ve soruyorum kendime ben nereden öğrendim vefayı diye. Dört insan, dört duruş, dört hatıra düşüyor zihnime; evvelde bildiğim vefa kelimesini sonra öğrenmeme sebep olan.

Birincisinde bir dostum var Avustralya'dan. Türkiye'ye bir eğitim vermesi için çağırmıştık yıllar önce. Eğitimin ilk günü konuşmaya şu sözlerle başladı: "Bugün burada huzur ve güven içinde, sayelerinde eğitim yaptığımız, geçmişten bugüne bu topraklar için çalışan, emek veren, mücadele eden ve fedakarlık yapan herkesi minnetle anıyorum." Daha önce benzer ifadeler duymuştum resmi törenlerde, soğuk ve ezbere söylenen. Ancak başka bir ülkeye gelip o topraklara yakın veya uzak tarihte emek vermiş herkesi -hiç böyle bir beklenti olmadığı halde- gönülden ve samimiyetle anması ve bunu her eğitim için geldiğinde başlarken tekrar etmesi oldukça etkiledi beni. Anladım ki vefa hatırlamaktır. Tanısan da tanımasan da yaşasa da yaşamasa da sana değil başkasına da faydası olsa hatırlamaktır.

İkincisinde babam var. Oldukça sert, kimseye eyvallahı olmayan bir adam. Sevdiği bir dostu makam-mevki sahibi olsa uzaklaşır ondan, evlatları dahil kimseden bir şey istemez. Ancak annemin memleketinde bakkal dükkanı olan bir amca var ki ona karşı farklı davranır babam. Yaşları yakın olmasına rağmen sanki o bakkal amca babası yaşındaymış gibi saygı gösterir. Gönlünü almak, mutlu etmek ister onu. Küçüktüm, o yaşta bile fark etmiştim babam gibi dik bir adamın yolları uzun yıllar önce ayrılmış bir bakkal amcaya oldukça farklı davrandığını. Bir şekilde sordum babama ve cevabını hiç unutmadım. "Oğlum 1980 öncesi çok şeyin kıtlığı ve kuyruğu vardı. Ben o yıllarda askere gittim. Annen evde tek, abin küçük, onu bırakıp saatlerce sıraya giremez, yanında hiç götüremez. Bu amca o bakkal dükkanından bize tüp ve şeker ayırır, eve gönderirdi."

Anladım ki vefa hatır bilmektir. Hayat bizi ve yollarımızı ne kadar değiştirirse değiştirsin, iyi günlerin büyük ikramlarından çok, kötü günlerin küçük fedakarlıklarını bilmektir.

Üçüncüsünde bir arkadaşım var. Ortak bir arkadaşımızla aralarından kara kedi geçmiş. Biri diğerine alenen kötü davranıyor, uzak duruyor, bazen tersliyor. Anlamlı bir sebep de yok ortada. Ben ikisini de tanıyan, bilen ve seven ortak arkadaşları olarak aralarını yapmak istiyor, terslenen arkadaşımın gönlünü almaya çalışıyorum.

Bir gün biri yine duymuş ki diğeri arkasından kötü konuşuyor. Bana anlattı teessürle. Ben de "Öyle demek istememiştir, sen aman kötü bir şey söyleme." gibisinden sözler ediyorum. Durdu, dinledi ve en sonunda dedi ki: "O benim hakkımda ne derse desin, ne kadar kötü davranırsa davransın ben onun hakkında hiç kötü bir şey söylemem ve asla kötü davranmam. Çünkü yirmi sene önce benim bu işe başlamama o vesile ve yardımcı oldu, ben de yirmi senedir bu iş sayesinde ekmek yiyorum. Biz babamızdan ahilik kültürü aldık. Ekmeğime sebep olan, ölene kadar muazzezdir benim için."

Sonrasında araları düzeldi, şimdi benden iyi görüşüyorlar birbirleriyle yine çok şükür ama o gün ben öğrendim ki vefa hatır gözetmektir. Vefa gösterilen kişi yeni yaptıklarıyla eskileri unutturacak gibi davransa da unutmamak, o eski hatırı gözetmektir. Vefa gösterilen kişi hak etmese de vefayı gösteren kişi o kültürü aldığı, o bilinci kuşandığı, o güzellik kendisine yakıştığı için o hatırı gözetmektedir. Vefanın bir anlamı görevi yerine getirmektir, vefat eden kişi görevini yerine getiren manasına da gelir. Dolayısıyla biz görevimizi yerine getirecek, gördüğümüzü gözetecek, bugünün hamlığının dünün olgunluğunu gölgelemesine izin vermeyeceğiz.

Dördüncüsünde bir arkadaşımın babası var. Yurtdışında yaşıyorlar uzun yıllardır. Bir seferinde; önce umreye sonra memleketlerine gidecekler ancak şirketin programına göre umreden önce bir günlüğüne İstanbul'da kalacaklar. Umreye bütün bavullarını götüremiyorlar, onlar umrede iken bavullarını emanet edebilecek birine ihtiyaçları var. Çünkü memleketlerine gidip bavullarını akrabalarına bırakacak vakitleri yok. Benden rica ettiler. Havalimanında karşıladım onları, bavullarını aldım, iki hafta sonra döndüklerinde geri verdim. Aradan yıllar geçti, yaşadıkları ülkeye bir sebeple gittiğimi duyunca davet ettiler. Havalar sıcak, o yüzden piknikte ağırlamak istediler. Aile geniş, bütün amcalar, çocukları var. Sertliğiyle meşhur dedelerini bekliyor herkes yemeğe başlamak için. O arada ben de arkadaşımla mesire yerinde dolaşıyorum.

Uzaktan fark ettik ki dede gelmiş, herkes etrafında mum gibi. Biz de onların olduğu yere doğru yürümeye başladık. Yaklaştığımızda dede asker gibi ayağa kalktı, herkes şaşkın onunla ayağa kalktılar. Biz de şaşırdık, ne oldu diye etrafımıza bakıyoruz. Dede bana doğru yaklaştı, elini öpmek istedim öptürmedi, elimi tuttu yanına oturttu, ikramı benden başlattı. Oğulları ve torunlarıyla dolu yirmi beş kişilik büyük bir masadayız. Ben torunları yaşındayım ve o sert dededen büyük bir hürmet görüyorum. Ben şaşkın, herkes şaşkın. Dede halimi hatırımı sorduktan sonra oğulları ve torunlarına dönüp dedi ki: "Bu arkadaşın büyük iyiliğini gördük." Ben acaba beni karıştırıyor mu diye düşündüm, çünkü ilk kez karşılaştığımı düşünüyordum. Sonradan öğrendim ki havalimanında arkadaşımı karşılayıp bavullarını aldığım zaman o da varmış, beni görmüş unutmamış ve yıllar sonra orada görür görmez çok büyük bir şey yapmışım gibi torunu yaşındaki bana, oğullarının ve torunlarının yanında unutamayacağım bir ihtimam gösterdi.

Anladım ki vefa hatır saymaktır. Yapılan iyiliğin ya da iyilik yapanın küçük büyük olduğuna bakmadan iyiliğin hatırını saymak ve yıllar sonra hatırlayıp küçük iyiliğe büyük minnet göstermektir.

Bana Arkadaşını Söyle

Hem bizim kültürümüzde hem dünya kültüründe arkadaşlık meselesi ile alakalı söylenmiş sözler, şiirler, şarkılar, atasözleri, hikayeler var, arkadaşlık hakkında birçok şey söylenmiş. O açıdan bakıldığında esasında zor bir şey değil arkadaşlık hakkında yazmak. Buraya bildiğiniz, aşina olduğunuz sözleri tekrar yazmak niyetinde değilim.

Arkadaşlık, insanın hayattaki duruşunu, hayatla bağlarını, hayata karşı vereceği tepkileri çok ciddi etkileyen bir şey. Arkadaşlık dediğimizde hayata bakışınızı, insanlarla ilişkilerinizi, yakın ya da uzak ilişkilerinizi arkadaş olarak almak ya da tanış olarak bırakmak noktasında ki ilişkilerinizi çok ciddi anlamda etkiliyor.

Bir toplantı vardı sabah erken, bir arkadaşımla beraber diğer katılımcıları bekliyoruz. Saat sabah yedi buçuk gibi. Güneş daha yeni yeni doğuyor, hava hafif karanlık, biraz da bulutlu... Fakat bulunduğumuz yer gayet güzel. Dışarıda güzel bir manzara var. Arkadaşımla diğer arkadaşları beklerken dedim ki; "Ne kadar güzel bir gün." Hızlıca döndü bana, "Yanlış bir şey mi söyledim acaba?" dedim. Bazen insan oluyor ya zihninde başka bir şey düşünüyor dilinden başka bir şey çıkıyor. Öyle bir şey mi dedim. "Nasıl güzel bir gün dersin?" dedi. "Niye?" dedim. "Baksana nasıl hava?" dedi. Aynı yere bakıyoruz. Ama benim için çok güzel bir gün onun için korkunç bir gün.

"İnsandan yana fakir, eşyadan yana zengin olduğumuz bir dönemde yaşıyoruz."

İnsanın hayata nasıl baktığı, olayları nasıl gördüğü, duruşu nasıl belirlediği, güne nasıl başladığıyla, günü nasıl değerlendirdiğiyle, gördüğünü nasıl yorumladığıyla da ortaya çıkıyor. Benim günümün nasıl, arkadaşımın gününün nasıl geçtiğini tahmin etmişsinizdir.

Bir gün, konferansımın olacağı yere biraz erken gitmiştim. Konferansın olduğu yerin yakınlarında bir sanayi vardı. O sanayiyi daha önce bilmeme rağmen dikkatlice gezememiştim. Bir bakayım, gezip dolaşayım dedim, biraz etrafta dolaştım. Yerin altında-üstünde dükkanlar vardı. Daha çok ağır işlerin yapıldığı cinsten dükkanlar. Sanki kaybolmuşum gibi oradaki insanların yüzüne bakıp konferans yapılacak yeri sordum.

Navigasyon kullanmıyorum, istiyorum ki insanlarla bir şeyler konuşayım. Aynı yerde çalışıyorlar, aynı yaştalar bazısı hiç bilmiyor ötekine soruyor, diğeri biliyor, şuradan gideceksin, böyle gideceksin diye tarif edebiliyor. Hayatı farkında yaşamakla alakalı bir duruş söz konusu. Aynı işi yapıyorlar kimi mutlu olarak çalışıyor, kimi mutsuz, zoraki yapıyor. Niye? İşi ile alakalı bir duruş geliştirmiş, işine arkadaş olmuş, dost olmuş ya da olamamış. Mekanına, muhitine arkadaş olmuş ya da olmamış. Mekanında, muhitindeki kurumlara, insanlara, yerlere aşina olmuş arkadaş olmuş ya da olamamış. Her şeyde bu söz konusu.

"İnsandan yana fakir, eşyadan yana zengin olduğumuz bir dönemde yaşıyoruz." Eşyadan yana çok şeyimiz var, insandan yana fakiriz. İnsanlar her geçen gün dayanacakları, güvenecekleri, sırrını açacakları, gönlünü yaslayacakları insan bulmakta sıkıntı yaşıyorlar.

Bununla alakalı çok sayıda araştırma var. Bir tanesi; "Beş insandan biri yalnız." diyor. "Yalnız" diyor ama açıklaması "yapayalnız" şeklinde. Niye yapayalnız, dostu yok, hiçbir arkadaşı yok. Daha azı "yalnız," yani etrafında insanlar var ama çok yüzeysel ilişkileri var, onlarla derinlikli ilişki kuramamış. Bir sürü insanla bir şekilde görüşüyor ama derinlikli ilişki kurduğu insan yok ve bu sayı her geçen gün artıyor.

Yalnızlık meselesi ciddi bir problem haline gelmeye başladığı için 2019 yılında ülkemizde "Yalnızlık Sempozyumu" yapıldı. Üniversite öğrencisi bir danışanım, "Üniversite öğrencilerinin ve bekar çalışanların barındığı bir yerde kalıyorum. Bulunduğum katta 25 tane daire var. Hiç kimseyi tanımıyorum. Ölsem, muhtemelen insanların üç-beş gün sonra haberi olacak, bugün onu düşündüm" diyor.

Nuri Pakdil diyor ki; "Yapayalnız dolaşıyor bu çağın insanı. Çünkü birlikte yürüyecek kadar güvenmiyor kimse birbirine." Zorlandığımız, yalnızlaştığımız, dayanacak insan bulmakta sıkıntı çektiğimiz bir dönemden geçiyoruz.

Yalnız hissetmek insanı çok ciddi olumsuz etkiliyor. Bununla alakalı bir sürü araştırma var. Özellikle 1980'lerden sonra daha fazla bilim dünyasının gündemine gelmiş. Bu araştırmaların bir tanesi dikkatimi çekti. Çalışmada yalnızlığın 50 bin tane sıkıntılarından, hastalıklarından bahsediyor ama bir bölüm çok dikkatimi çekti. Yalnız hissetme; beyinde güvende hissetmeme, emniyette olamama, korku duyma ile aynı bölümü tetikliyor.

Yalnız olduğunuz zaman sadece yalnız olmuyorsunuz. Aynı zamanda güvensiz hissediyorsunuz, aynı zamanda korku dolu hissediyorsunuz, zayıf hissediyorsunuz, güçsüz hissediyorsunuz, çaresiz hissediyorsunuz. Tüm bunlar yalnızlığın derecesine göre değişiyor.

Yalnızlık Ne Kadar Yalnızlıktır?

Yalnızlık illa insanla mı arkadaş olmaktır? Batılı bir filozof; "Mutlak yalnızlık, mutlak hastalıktır." diyor.

Cahit Zarifoğlu; "Yalnızlık kemik gibidir, ne yana dönsem batar." diyor. Ne tarafa dönseniz, ne tarafa baksanız bir şekilde sizi rahatsız eder. Yalnızlık bir sıkıntı. Peki o zaman arkadaş ne demek, dost ne demek? Farklı farklı isimleri var bunun. İngilizcede Türkçe kadar geniş bir kelime havuzu yok. Türkçede ise arkadaşla dostun arasında bariz bir fark vardır. İngilizcede "Friend" diyorlar hepsine. Onun da kelime kökeni güzel ama tek bir kelime ifade etmiyor.

Biz arkadaş diyoruz, dost diyoruz, yaren diyoruz, pirdaş diyoruz, refik diyoruz, kanka diyoruz, kardeş diyoruz ve daha niceleri... Dünyada hiçbir şey sebepsiz yere olmuyor. Arkadaşı bir sebepten dolayı "arkadaş" demiş, dostu bir sebepten dolayı "dost" demiş...

Arkadaş kelimesi ile alakalı çok sevdiğim bir hikaye var. Ne kadar doğru bilmiyorum ama çok seviyorum bu hikayeyi. Arkadaş aslında "arka taş" demektir. Peki niye arka taş demek? Olay şöyle: Eski zamanlarda insanların yalnız başına yola çıkmaları oldukça tehlikeli. Eşkıyası var, hırsızı var, haramisi var, kurdu-çakalı var, her şeyi var ve güvenli değil. Bu sebeple insanlar tek başlarına yolculuğa çıkmamaya gayret ediyorlar. Ya bir kervana katılıyorlar ya da bir arkadaşla, refikle, yoldaşla yola çıkmaya çalışıyorlar. Herhangi bir saldırıya maruz kaldığınızda ilk yapmanız gereken şey kendinizi güvene almak için sırtınızı bir taşa dayamanız. Böylece arkadan saldırı gelmeyeceğine emin olun ve gördüğünüz şekilde savaşın, kendinizi koruyun. Şayet taş yoksa

> **"Mutlak yalnızlık, mutlak hastalıktır."**

Psikolojik rahatsızlıkların birçoğuyla arkadaşlık arasında ilişki var. Öğrenme, beyin, unutma, hatırlama, alzheimer hepsiyle arkadaşlık arasında ilişki var.

o zaman arkadaş devreye giriyor. Arka taş gibi arkanızda duruyor, arkanızda duracağınıza, canınızı teslim edeceğinize emin olarak sırtınızı ona dönüp kendinizi savunabiliyorsunuz. Arkadaş canınızı teslim edebilecek kadar emin olduğunuz, sırtınızı dayayabileceğiniz, güç alabileceğiniz insan demek. Arkadaş, kelime olarak böyle bir hikayeden geliyor.

Dost kelimesi ise Farsçadan geliyor. Sevgiyi akıtabileceğiniz, sevgiyi koyabileceğiniz kişi anlamına geliyor. Arkadaş ve dost kelimelerini konuşurken, düşünürken sırtımızı dayayabileceğimiz insan mı, canımızı teslim edebileceğimiz insan mı, güç alabileceğimiz insan mı, bizi koruyacak kollayacak insan mı, sevgimizi koyabileceğimiz, verebileceğimiz, emanet edebileceğimiz insan mı diye düşünerek insanları isimlendirmemizde fayda var.

Niye arkadaş diye birine ihtiyacımız var? Niye dost diye bir şeyi seviyoruz? Her kültürde bununla alakalı sözler var. 1980'lerden sonra özellikle küreselleşme ile beraber insanlar yalnızlaştıkça, problemler ortaya çıkmaya başladıkça, problemlerin sebepleri üzerine düşünülmeye başladıkça, arkadaşlık meselesi hakikaten insan hayatında ne kadar önemlidir onun üzerine çalışmalar yapılmaya başlanmış. Bu çalışmalar halen yapılıyor, büyüyerek yapılıyor. O kadar farklı alanlarda yapılmış ki mesela; kan basıncıyla arkadaşlık ilişkisine bakmışlar, vücut kitle indeksiyle arkadaşlık ilişkisine bakmışlar.

Bütün fiziksel rahatsızlıklarla arkadaşlık arasında ilişki var. Psikolojik rahatsızlıkların birçoğuyla arkadaşlık arasında ilişki var. Öğrenme, beyin, unutma, hatırlama, alzheimer hepsiyle arkadaşlık arasında ilişki var.

Bir insanın kariyerinde ilerlemesi, iş bulabilmesi, işinde ilerlemesi, işinde başarılı olabilmesi, para biriktirebilmesi, tatile gidebilmesi, ev alabilmesi, araba alabilmesi ile alakalı arkadaşlık arasında ilişki var.

Baktığımızda hayatın birçok alanında arkadaşlık insanların hayatını kolaylaştırıyor, zenginleştiriyor, genişletiyor ve yalnızlık insanın hayatını daraltıyor, fakirleştiriyor, zorlaştırıyor. Hatta bu o kadar ki erken ölümle beklenmedik ölümle yalnızlık arasında ciddi ilişki bulunmuş.

Arkadaşı olanlara kıyasla olmayanlar iki kat daha fazla risk altında diyor arkadaşlıkla ilgili yapılan çalışmalar. Bundan dolayı artık psikoterapi süreçleri de değişmeye başladı. Normalde terapi dediğimiz şey, Batı'nın getirdiği bir kavram ve tek başına yapılan bir çalışma (ağırlıklı olarak bireysel bir çalışma) ama post-modern terapiler artık bireysel bir süreçten çıkardı. Arkadaşları da terapi sürecine dahil ediyorlar ve diyorlar ki; şayet ben sana yardım edeceksem, sen psikolojik olarak zorlanıyorsan sadece seninle çalışmam yetmez. Arkadaşlarını da dahil edelim, işimiz kolaylaşsın. Arkadaşlarından da yardım alalım daha hızlı ilerleyelim diyor.

İyileşme sürecine inanılmaz şekilde olumlu katkı sağlıyor arkadaş meselesi. O yüzden arkadaşa ihtiyacımız var, insana ihtiyacımız var.

Psikoterapide "süpervizyon" diye bir kavram vardır. Üniversite eğitimini alırsınız, sonra yetmez terapi eğitimi alırsınız. Terapi eğitimi ile alakalı bin türlü terapi ekolü bilmeniz terapiyi güzel yapacaksınız anlamına gelmez. O bir beceridir, o bir yetenektir. O beceriyi, o yeteneği geliştirmeniz, ilerletmeniz lazım.

Terapiyi kendi kendinize ilerletmeniz çok fazla mümkün olmayabilir. Ne yapılır? İki tane yol önerilir. Birinci yol;

mümkün olduğu kadar çok pratik yapmanızdır. İkinci yol; mümkün olduğu kadar yaptığınız pratikle alakalı süpervizyon almanızdır. Yani yaptığınız terapiyi daha iyi bilen birine, daha çok güvendiğiniz birine veya yoksa akranınıza sizinle aynı seviyede olan insana seyrettirmeniz ondan geri bildirim almanızdır. Böyle yaptıkça ilerlersiniz, böyle yapmadıkça gerilersiniz.

Hayatla alakalı da benzer bir süreç söz konusu. Hepimiz hayatın acemisiyiz. On defa gelmedik bu hayata ilk defa geliyoruz. Birçok şeyi ilk kez yaşıyoruz. O yüzden doğru bir şekilde yaşayabilmek için veya hayatta kendimizi daha iyi geliştirebilmemiz için bu iki yoldan gitmemizde fayda var.

Birincisi; mümkün olduğu kadar hayatın pratiğini yapmak. Mümkün olduğu kadar dolu dolu, doğru bir şekilde yaşamaya çalışmak. İkincisi; yaşarken de süpervizyon almak. Kimden? Güvendiğimiz, dayandığımız, sevdiğimiz, bildiğimiz bir insandan. Nasıl yaşıyorum, doğru yaşıyor muyum, nasıl gidiyorum, iyi gidiyor muyum? Bunlar üzerinde ne kadar konuşursak, ne kadar geri bildirim alırsak, ne kadar destek alırsak, ne kadar tavsiye alırsak o kadar kendimizi ilerleteceğiz ve geliştireceğiz. Ama ne kadar bunlarsız yaşarsak o kadar fakirleşeceğiz ve kuruyacağız.

İkincisi; arkadaşlarımızı seviyoruz, arkadaşımız bundan besleniyor. Arkadaşlarımız tarafından seviliyoruz, biz bundan besleniyoruz. *"Belki bu dünyada en büyük, en şiddetli bela ve ıstırap sevilmemek değil sevememektir."*[27] Bu dünyada ki en büyük ıstırap, en büyük bela sevilmemek değil sevememektir.

Arkadaşlık ilişkimizin fiziksel olarak, psikolojik olarak, zihinsel, sosyal, iş, kariyer, sağlık olarak bir sürü faydası var bize. Ama en çok faydası ne biliyor musunuz? En çok faydası, bizim sevmeye ihtiyacımız var. Sevilmekten ziyade sevmeye ihtiyacımız var. Sevmediğimiz zaman kalbimiz kuruyor.

---

[27]*Mektuplar, Samiha Ayverdi – Prof. Dr. Annemarie Schimmel.*

Kalbimiz başka bir şey haline geliyor. İnsanlıktan çıkar hale geliyoruz. Başka bir varlığa dönüşüyoruz sevmediğimiz zaman. O yüzden arkadaşlar bizim kalbimizi geniş tutmamıza yardımcı oluyor.

Kalbimiz başka bir şey haline geliyor. İnsanlıktan çıkar hale geliyoruz. Başka bir varlığa dönüşüyoruz sevmediğimiz zaman.

Arkadaşlarımız o sevgiyi hak etsinler, etmesinler hiç önemli değil. Sevgimiz, yerini bulsun veya bulmasın önemli değil. Bize yarıyor, bizim için faydalı olacak o süreç. Yunus Emre'nin çok güzel bir şiiri var; "Ol dost yüzin görmez isem bu gözlerüm nemdür benüm." Dost yüzünü görmezsem bu gözlerim niye var, dost sözünü duymazsam bu kulağım niye var, dost sözünü etmezsem bu dilim niye var diyor. Bize yarıyor esasında arkadaşlık dediğimiz şey.

Neye Dost Olacağız?

Neye dost olalım? Birincisi; kendimize dost olalım. Kendimizle bir tanışalım, kendimizle bir konuşalım, bir halleşelim, arkadaşlık edelim. Kendi kendimizin kankası olalım, kendi kendimizin sırdaşı olalım. Kendimize dostumuz, arkadaşımız kadar güvenelim, dayanalım, inanalım. Çok güzel bir söz var diyor ki; "Kendimize en iyi arkadaşımıza davrandığımız gibi davransak neler değişir, düşünebiliyor musun?" [28]

Genelde gençlerle çalışıyorum. Gençler, kendileriyle alakalı sorduğum sorulara genelde cevap veremiyorlar. Ama arkadaşlarıyla alakalı sorulara çok güzel cevaplar veriyorlar. O şöyledir, böyledir, şöyle iyidir, böyle güzeldir diye. Arkadaşını dünya kadar övebiliyor, kendini hiç övemiyor. Arkadaşında harikulade güzel özellikler sayıyor, kendinde güzel özellik sayamıyor. Arkadaşına gösterdiği toleransı,

[28] *Meghan Markle.*

hoşgörüyü, arkadaşına verdiği sevgiyi, ilgiyi maalesef kendine veremeyen çok insanımız, gencimiz var.

Kendileriyle Karşılaşmayan İnsanlar

Ahmet Hamdi Tanpınar bunlarla alakalı diyor ki; "Çok insan vardır bir ömür kendileriyle yaşarlar, hiç kendileriyle karşılaşmazlar." Kendileriyle yaşayıp hiç kendileriyle karşılaşmamış ya da karşılaştığında karşılaştığı kişiyi sevmemiş çok insan var. Böyle olmamamız lazım. Böyle olursak en çok kendimize zarar vereceğiz. O yüzden dostlukla alakalı ilk olarak bilmemiz, yapmamız gereken şey, önce kendimizle dost olmamız gerektiği. Kendimizi bir sevelim. Kendimizle bir konuşalım. Kendimizle bir arkadaşlık yapalım. En iyi arkadaşımızla sağladığımız yakınlığı kendimizle sağlayalım. En iyi arkadaşımızla harcadığımız zamanı kendimizle harcayalım. En iyi arkadaşlarımızla paylaştıklarımızı kendimizle paylaşalım. Çoğu zaman paylaşmadan dışarıdan gelenleri kabul ederek yaşıyoruz hayatımızı.

Soruyorum gençlere nasıl bir insansın; tembelim diyor. Kim dedi diyorum, annem dedi, diyor. Tamam da sen ne düşünüyorsun acaba bu konuda. Hiç sordun mu kendine. Sen nasıl bir insansın diye, kendi kendinle konuştun mu? Annen böyle dedi, arkadaşın şöyle dedi, şu öğretmenim bunu dedi, psikoloğum şöyle dedi, sen ne diyorsun? En iyi arkadaşın sen acaba bu konuda ne düşünüyor? Bu konularda biraz sıkıntımız var. O yüzden birisiyle dost olacaksak ilk başta kendimizle dost olmaya gayret etmemiz lazım.

Dostlukla alakalı ilk olarak bilmemiz, yapmamız gereken şey, önce kendimizle dost olmamız gerektiği.

İkincisi; diğer insanlarla dost olma meselesi. İnsanları seveceğiz, her şeye rağmen seveceğiz.

Dünyada kötülük var mı, var ama kötülükten çok iyilik var. Dünyada yanlışlıklar var mı, var ama yanlışlıktan çok doğrular var. Yanlış insanlar var mı, kötü insanlar var mı, var ama çok güzel insanlar da var. Çok güzel insanlar güzel işler yapmak için çok büyük mücadeleler veriyorlar, gayretler ediyorlar. Bunlarla alakalı sosyal medyanın çokça zararı var ama böyle güzellikleri de var.

Aradığınızda iyilikler, güzellikler size görünür hale geliyor. O yüzden insanları sevelim çok yakın olmak zorunda değiliz, çok samimi olmak zorunda değiliz, çok böyle vakit geçirmek zorunda değiliz. Uzakta da olsa sevebileceğimiz, arkadaşlık yapabileceğimiz, konuşabileceğimiz, dertleşebileceğimiz çok sayıda insan var. Hele ki bu zamanda, artık uzak diye bir şey kalmadı. Sezai Karakoç diyor ki:

"İyi ki bilmiyor kalabalıklar

Yağmura bakmayı cam arkasından

İnsandan insana şükür ki fark var

Birine cennetse birine zindan

İyi ki bilmiyor kalabalıklar."

Bizim cennetimiz iyi arkadaşlarımız olabilir. Arayıp bulmamız lazım. Yalnız arkadaş derken bir şeyi düzeltmekte fayda var. O da şu; herkes arkadaş dendiğinde kendi akranını anlıyor. Genelde aynı yaş grubundaki, aynı okuldaki, aynı dönemdeki insanlar ilk akla geliyor. Böyle olmak zorunda değil. Bizden çok daha büyük insanlar arkadaşımız olabilir. Bizden çok daha küçük insanlar da arkadaşımız olabilir yaş olarak. Yeter ki aynı noktalarda buluşabilelim, aynı derdi taşıyabilelim, aynı hisleri yaşayabilelim.

Samiha Ayverdi (1905-1993) ile Annemarie Schimmel (1922-2003)'in aralarında 17 yaş fark var. Ama ortak bir dil bulmuşlar, uzun süre mektuplaşmışlar ve ortaya çok güzel bir eser çıkmış.[29] Fethi Gemuhluoğlu (1922-1977) ile Nuri Pakdil (1934-2019)'i düşünün. Aralarında 12 yaş var ama uzun süre beraber vakit geçirmişler. Bunun gibi çok fazla örnek var.

Arkadaşımız, en iyi arkadaşımız, dostumuz, kankamız bizimle aynı yaşta olmak zorunda değil. Bizden çok daha yaşlı birisi olabilir, çok daha genç birisi de olabilir. Yeter ki aynı noktada bulunalım. Hatta mümkünse bizden çok daha yaşlı arkadaşlarımız olsun. Bizden çok daha genç arkadaşlarımız olsun. Bizden çok daha yaşlı insanlardan arkadaş olarak alabileceğimiz çok fazla şey var ve onlara verebileceğimiz çok fazla şey var. Bizden çok daha genç olan insanlardan alabileceğimiz çok fazla şey var, onlara verebileceğimiz çok fazla şey var.

Özellikle bugünün dünyasında her şey yer değiştirmişken, bilgi tecrübe artık oldukça hiyerarşik olmayan bir düzlemde seyrederken, herkes herkesten bir şeyler alabilir, herkes herkese bir şeyler verebilir. Kendimizi arkadaşlıkla alakalı belli ezberlerin, belli kalıpların içerisine tıkarak daraltmayalım, köreltmeyelim. Takdir ettiğim, hayran olduğum meselelerden bir tanesidir. Bizden önceki kuşak, büyüklerle çok samimi ve derin ilişkiler kurmuş.

Ne olur arkadaşlık dediğimizde sadece akranlarımızla kurduğumuz ve ağırlıklı olarak vakit geçirdiğimiz bir ilişki tarzını düşünmeyelim. Daha ötesini, daha geniş bir şekilde düşünüp bizden çok daha büyükler çok daha tecrübeliler, bizden çok daha küçükler çok daha tecrübesiz insanlarla bir araya geldiğimiz, konuştuğumuz dertleştiğimiz, sırlaştığımız insanları da düşünmüş olalım ama insandan yana dosta, arkadaşa ihtiyacımız var.

---

[29] *Mektuplar, Samiha Ayverdi – Prof. Dr. Annemarie Schimmel.*

Hayvanlarla Dost Olmak

Sizin için çarpan bir kalbin olduğunu bilmeniz çok iyi gelecek size. Hayvanlarla bir şekilde ilişki kurmamız lazım. Bu illa köpek, kedi olmak zorunda değil bir kuş da olabilir. Kuzu da olabilir başka bir hayvan da olabilir. Ama bir canı var, bir kalbi var, bir aşinalığı var, tanıdıklığı var ve o aşinalığını size özelleştiriyor. Küçük kalbinde büyük bir sevgi, büyük bir bağlılık taşıyabiliyor insana dair. Hayvanlarla ilişki kurmakta özellikle hususen bir hayvanla ilişki kurmak bize iyi gelecek bir şey. Yeter ki bizim için bir kalbin attığını bilelim. O büyük bir rahatlık. Bunu bilmek gerekiyor.

Dostluk ve arkadaşlıkta da şunu bilebilmek çok önemli; bir insan, bir canlı siz varsınız diye daha güzel, daha rahat, daha mutlu, daha huzurlu yaşayabiliyor. Bu çok kıymetli bir şey. Bize de iyi gelen, bizi rahatlatan bir şey görünürde.

Doğaya Dost Olmak

Doğayı sevmek lazım. Ağacı, böceği, kuşu sevmemiz lazım. Onlarla ilişki kurmamız, onların eğitimine, öğretmenliğine açık olmamız lazım. Bir tanesi bu topraklardan, bir tanesi batıdan iki tane önemli insanın bu konudaki fikrini sizinle paylaşmak isterim.

Bir tanesi diyor ki: "Ağaçlar sessiz hatipler, dervişler, mürşitler, tarih profesörleridir. Dilinden anlarsanız ne hikayeler söylerler, ne mühim nasihatler verirler, dünya ve ahiret hakkında ne kıymetli telkinlerde bulunurlar."[30]

Ağaçlar sessiz hatipler, dervişler, mürşitler, tarih profesörleridir. Dilinden anlarsanız ne hikayeler söylerler, ne mühim nasihatler verirler, dünya ve ahiret hakkında ne kıymetli telkinlerde bulunurlar.

[30] *Refik Halid*

Diğeri ise: "Ağaçlar hep en etkileyici vaizler olmuştur benim için."[31] diyor. Sadece ağaçlar mı? Çiçekler de öyle, çimenler de öyle, toprakta öyle. Her şey öyle, yeter ki bir ilişki kurabilelim. Çiçeklere ve ağaçlara karşı bir muhabbet besliyoruz. Ama hususen ilişki kurduğumuz, dostluk yaptığımız, arkadaşlık ettiğimiz, belki konuştuğumuz bir çiçeğimizin, bir ağacımızın olması, doğayla böyle bir ilişki kurmamız, bir mekanımızın olması her şeyden önce bize iyi gelecek. Buna da ihtiyacımız var. Bunu da dostluk ve arkadaşlık bağlamında zikretmemiz gerekiyor. Dost mekanlarımızın, dost çiçeklerimizin, dost ağaçlarımızın olması lazım.

Doğruluğa Dost Olmak

Sadece görünür şeylere değil, görünmez şeylere de dost olmak lazım. Bunlardan bir tanesi doğruluk. Merhum Mehmet Akif diyor ki:

"Şudur cihanda benim en beğendiğim meslek:

Sözüm odun gibi olsun, hakikat olsun tek!"

Dosdoğru bir adam. Bu şekilde yaşamış ve bu şekilde ruhunu teslim etmiş. Doğruluğa dost olmak, doğrulukla arkadaş olmak ve bu arkadaşlığın hukukunu gözetip onu yarı yolda bırakmamak çok önemli.

Davaya Dost Olmak

Mehmet Akif'ten başka bir şiir:

"Gaye uğruna çalışmak, didinmek ve nihayet ölmek!

O ne güzel meşgale, o ne hoş eğlence, o ne mesut son imiş."

Hakikaten bir ideal, bir dava, bir mefkûre uğruna çalışmak, mücadele etmek, gayret etmek ve bunun yolunda ölebilmek. Bununla mücadele içindeyken bu davayı gönülde taşırken ölebilmek çok güzel. Çok iyi bir son. Bu nedenle de

[31] *Hermann Hesse*

davaya dost olmak, bir fikre dost olmak, bir mücadeleye dost olmak da bizim dostlukla alakalı düşünmemiz konusunda faydalı olacak hususlardan bir tanesi.

Zamana Dost Olmak

Bazen diyorlar ya cuma gününden nefret ediyorum, pazartesiden nefret ediyorum. Sabah erkenlerden nefret ediyorum, akşam geçlerden nefret ediyorum, soğuktan nefret ediyorum, sıcaktan nefret ediyorum, kıştan nefret ediyorum, yazdan nefret ediyorum. İlla nefret edecekseniz, mutlaka nefret edecek bir şeyler bulursunuz.

Aslında marifet nefret etmemekte, gerçek marifet bir şekilde sevebilmekte. Bu takvimlerle de alakalı, mevsimlerle de alakalı, bizim kendi tarihimizle de alakalı. Dünümüzle de alakalı, bugünümüzle de alakalı, yarınımızla da alakalı. Dünümüzü de sevebiliyorsak, bugünümüzü de sevebiliyorsak, yarınımızı da sevebiliyorsak, dünümüzle de bir ilişki geliştirebildiysek, onunla ilişkimizde bir şeyler öğreniyorsak hala, bugünümüzle de ilişki geliştirebildiysek bu ilişkimiz bize hala bir şeyler veriyorsa, yarınımızla da ilişki geliştirdiysek ve bu ilişkimiz bizi harekete geçiriyorsa hala doğru yoldayız. Dostluk anlamında iyi bir noktadayız demektir.

Yeryüzüne Dost Olmak

Dünya ilginç ve garip bir yer. Dünyada halen keşfedilmemiş, görülmemiş veya herkes gördüğü halde biz görsek bize daha farklı gelecek, güzel gelecek çok şeyler var. İsmet Özel'in bir şiiri diyor ki; "İnsanların bütün sabahlarını merak ederim." Çünkü hepsi apayrı, hepsi birbirinden eşsiz, birbirinden benzersiz nasıl oluyor acaba, merak etmek lazım. Merak etmediğimiz zaman yavaş yavaş ölüyoruz. Süreç içerisinde yavaş yavaş kaybediyoruz birçok şeyimizi. Pablo Neruda'nın bu konudaki şiiri meşhurdur. Neruda diyor ki;

"Yavaş yavaş ölürler

Seyahat etmeyenler,

...

Yavaş yavaş ölürler

Alışkanlıklara esir olanlar,

Her gün aynı yolları yürüyenler."

Yavaş yavaş ölmemek lazım. Dolu dolu, heyecanlı bir şekilde ölüme yürümek lazım. Peki nasıl olacak bu? Yeryüzüne dost olma meselesini kaybetmezsek. Yeryüzünü keşfetmeyi, yeryüzünü okuyabilmeyi, yeryüzüyle ilişki kurabilmeyi becerebilirsek olacak. Bununla alakalı bir bakış, bir anlayış, bir göz geliştirmemiz lazım.

İlk başta dostluk geliştirmemiz lazım fikrinden yola çıkarak ilerleteceğiz ve süreç içerisinde göreceğiz ki yeryüzüyle bir ilişkimiz var. Yeryüzü bize bir şey söylüyor. Yeryüzü bize bir şey anlatıyor. Gördüğümüz şeyler, insanlar, ilişkiler, kültürler, coğrafya, tarih bize bir şeyler söylüyor, bir şeyler öğretiyor ve ondan sonra da hayatımız çok daha farklı bir noktaya gelmiş olacak. Yunus Emre'yi hatırlayalım, diyor ki: "Benüm yüzüm yirde gerek, bana rahmet yirden yağar."

Bir rahmet görüyor yerden yağan. Gözle görülmesi mümkün olmayan bir şey. Nasıl görüyor bunu? Bir ilişki geliştirmiş, o ilişki gösterir hale geliyor. Yerden aldığı bir şeyler var, yerden besleniyor. Ama o beslenmeyi sağlayabilmek için o noktaya gelebilmek için ilk başta bir dostluk geliştirmek, bir arkadaşlık hukuku oluşturmak lazım.

Gökyüzüne Dost Olmak

Gökyüzü meselesi önemli bir mesele. Sezai Karakoç bir şiirinde diyor ki:

"Yağmur duasına çıksaydık dostlar;

Bulutlar yarılır, gökler açardı,

Şimdi ne ihtimal, ne imkan var,

Göğe hükmetmekten kolay ne vardı.

Yağmur duasına çıksaydık dostlar!

...

Ben geldim geleli açmadı gökler;

Ya ben bulutları anlamıyorum,

Ya bulutlar benden bir şeyler bekler,

Hayat bir ölümdür aşk bir uçurum;

Ben geldim geleli açmadı gökler...

Gökle kurduğu bir ilişki var. Göğe hükmetmekten kolay ne vardı diyor. Böyle bir şey yaşamış zamanında. Şimdi kaybettim diyor. Ve bulutlar bana bir şey söylüyor ben anlamıyorum, benden bir şey bekliyorlar diyor. Bu sözler yaşanmadan söylenebilecek sözler değil. Yaşamış, aklına gelmiş ve yazmış. Biz de yaşayalım, aklımıza gelsin yazalım. Gökyüzüyle farklı farklı ilişkiler kurabiliriz. Gökyüzünün ötesine geçip kainatla farklı farklı ilişkiler kurabiliriz. Yeter ki o niyeti taşıyalım, o göze sahip olalım, o kalp genişliğini koruyabilelim.

"Göğe Bakma Durağı" Turgut Uyar'ın meşhur şiiri; "İkimiz birden sevinebiliriz göğe bakalım" diyor. Gök hakikaten bizim kültürümüzde de insana iyi gelen, şifa gibi reçete verilen şeylerden bir tanesi. Eski kitaplarımız gözün nurunu arttıran şeylerden bahseder. Bir tanesi göğe bakmaktır. Göğe baktınız mı gözünüzün nuru artar. Basiretiniz, ferasetiniz çoğalır.

Peygamber Efendimiz (s.a.v.) ile alakalı söylenen önemli bir söz var, diyorlar ki, "Gururlanacağı bir şey olduğunda toprağa bakardı, bunaldığında, daraldığında, sıkıldığında göğe bakardı." Göğsü açılsın rahatlasın diye. O yüzden göğe bakmak gökyüzüyle ilişki kurabilmek, onunla bir şeyler, bir hukuk geliştirebilmek bize iyi gelecek önemli noktalardan bir tanesi.

Yaşamaya ve Ölmeye Dost Olmak

Yaşamaktan keyif almak, ölmeye de hazır olmak, ölmekten keyif alacak noktaya gelmek önemli. Fethi Gemuhluoğlu meşhur *"Dostluk Üzerine"* konuşmasında diyor ki:

"Ölüme dost olunuz. Ahiret dünyada başladığına göre, dünya ve ahiret tefriki bizim izafi değerlendirmemizdir. O zaman nasıl kendimize dost olmak mecburiyetinde isek, ölüme de dost olmak mecburiyetindeyiz. Çünkü, ölüm, insana Peygamberimizin ifadesiyle 'Gözünün akının siyahına olan yakınlığından daha yakındır.' Asıl daha güzeli yine Peygamberimizin lisanıyla 'Ölüm, mü'minin tuhfe-i canıdır.' Yani Sahibine, Rabbine canını hediye etmesidir."

"Şeb-i Arus." Şeb-i Arus nedir? Düğün gecesi anlamına geliyor. Mevlana Celaleddin-i Rumi ölümünü düğün gecesi olarak nitelendirmiş. İnsan ölümü ne zaman dost edinebilir? Ölmeyi ister, ölümü sever anlamında değil. Ölümü ne zaman dost edinir? Doğru yaşayabildiği zaman.

Ölüm ile hayat bizim için izafidir. İkisi arasındaki fark görünür bir fark değildir. Uydurulmuş, yapay bir farktır. Esasında hepsi bir bütünün iki parçası. Çok büyük bir fark yok yaşamakla ölmek arasında. Yeter ki doğru yaşayabilelim. Yeter ki yaşamayı anlamlı bir şekilde sürdürebilelim ve yaşamaya dost olabilelim.

Allah İle Dost Olmak

"Bilesiniz ki Allah'ın dostlarına hiçbir korku yoktur. Onlar üzülmeyeceklerdir." [32]

"İnsan yalnız Allah ile olan münasebeti sayesinde hakikaten insan olur. Bu münasebeti mevcut olmazsa ne kalır geriye. Biraz toprak, biraz hayvan."[33]

Allah ile münasebet, Allah ile dostlukta önemli konulardan bir tanesi...

Arkadaşlık ve dostlukla alakalı bir duruş sahibi olmamız lazım. Bu duruşun bir tarafı neye dost olalım, niye dost olalım. Bir tarafı da neye dost olmayalım, niye dost olmayalım. Fethi Gemuhluoğlu; "Uykuya dost olmayın." diyor. Biraz daha ilerletelim. Tembelliğe dost olmayalım. Hazırcılığa-kolaycılığa dost olmayalım, mala-mülke dost olmayalım, makam-mevkiye dost olmayalım, şöhrete dost olmayalım. Niye? Çünkü dost olduğumuz zaman en çok zararını biz görüyoruz. Biz taşımaya başlıyoruz, makamları, malları biz taşımaya başlıyoruz. Biz onlara hizmet etmeye başlıyoruz. Onlar için var olmaya başlıyoruz. Halbuki onların bize hizmet etmesi, onların bizim için var olması lazım. Denge bozulmaya başlıyor. O yüzden bunlardan ne kadar uzak durursak bunların sağladığı kolaylık o kadar hayatımıza girmiş olacak. Bunlardan ne kadar kaçabiliyorsak kaçalım. Sahip olmayalım demiyorum ama sevgisini kalbimize koymayalım, dostluk geliştirmeyelim. Onlarsız da var olabilelim, yaşayabilelim.

Vazgeçtiğin Senindir

"Bir şeyi günden güne daha iyi öğreniyorum. İnsan kendi isteklerinden tamamen vazgeçmeli. Bir

"Bilesiniz ki Allah'ın dostlarına hiçbir korku yoktur. Onlar üzülmeyeceklerdir."

[32]*Yunus Suresi 62. ayet*

[33]*Mektuplar, Samiha Ayverdi – Prof. Dr. Annemarie Schimmel.*

arzu bir insanı terk etti mi onu daha derin bir manada bulmuş olurum. Bir insanı yahut bir şeyi kendim için almak istedim mi, ona temellük etmek arzusunda bulundum mu onu kaybetmiş olurum. Belki hayatta en mühim prensip budur." [34]

Şayet terk edebilirseniz, kalbinize sevgisini koymazsanız onu en derin manada bulmuş oluyorsunuz. Geliyor size bir şekilde. Ama peşine düştünüz mü, temellük etmeye çalıştınız mı bu insan için de geçerli, makam-mevki için de geçerli. Orada size yarayan bir şey olmuyor. Onu da kaybediyorsunuz.

Eski tüccar bir dostum var onun bir sözü çok hoşuma gider. Der ki: "Para yandan gelir, sen çalışmana bak." Yani paranın peşine koşarsanız boş dönme, yakalayamama ihtimaliniz yüksek. Ama siz düz giderseniz o para bir yandan gelecek bulacak zaten sizi. Yeter ki siz istikamet sahibi olun, dosdoğru olmuş olun.

Tembellik, emek vermeden gelsin, ben yorulmadan gelsin, ben zahmet çekmeden gelsin, kısa yoldan gelsin. Şimdi istiyorum, hemen olsun, olmayacak. Çabuk gelen çabuk gidiyor. Çabuk gelenin kararı olmuyor, kalıcılığı olmuyor. Ne kadar emek verirseniz, ne kadar zahmet çekerseniz, ne kadar yorulursanız o kadar kalacak o sahip olduğunuz her neyse. O yüzden tembelliğe, hazırcılığa, kolaycılığa çok kaçmamak lazım. Mala sahip olmayalım mı, makam-mevkiye sahip olmayalım mı, şöhrete sahip olmayalım mı? Olabilir, geliyorsa olsun ama peşinde koşmayalım.

Maddiyat olsun, ama kalbimizde olmasın. Makam, mevki, şöhret hepsi için duamız budur. Cebimizde olabilir, problem değil. Onu da verelim, dostlarımız için harcayalım. Dost olmamamız gereken şeyler var. Makama, mevkiye, şöhrete dost olmamak, sevmemek, kalbimizde yer vermemek konusunda dikkat etmemiz lazım. Çünkü kalbin bir kararı var ve o karara göre bunlar varsa ötekiler olmuyor.

---

[34] *Mektuplar, Samiha Ayverdi – Prof. Dr. Annemarie Schimmel.*

Dost olmamız gereken şeyler ise bir sürü. Bunlar kalbimizde geniş geniş yer kapladıkları zaman ötekiler kendilerine yer bulamıyor. Ya da yer bulsalar bile tenezzül etmiyorlar onlarla aynı yerde olmaya.

"Sür çıkar ağyarı dilden ta tecelli ede Hakk,

Padişah girmez saraya, hane mamur olmadan."[35]

Kalbinde ne kadar çer çöp varsa at gitsin, yoksa padişah teşrif etmez haneye, diyor. O yüzden de kalbimizi korumamız, kollamamız, temizlememiz lazım. Bunlar, kalbimizde yük olarak ağırlık yapmasınlar. İsmet Özel'in güzel bir şiiri var. Diyor ki:

"Sözlerim var köprüleri geçirmez

Kimseyi ateşten korumaz kelimelerim."

Mal, mevki, makam, para, kalbe girerse; alet olmazsa, araç olmazsa, amaç haline gelirse muhabbetin bizatihi hedefi haline gelirse o zaman ne kimseyi ateşten koruyacak, ne kimseyi köprüler geçirecek, hayatta bizi muvaffakiyet namına çok ciddi anlamda geride bırakacak. O yüzden dost olmama meselesi önemli. Dost bulacağız, arkadaş bulacağız, güzel. Şunlarla arkadaş olacağız, bunlarla olmayacağız bu da güzel. Bulacağız ama nasıl? Nereden bulacağız bunları?

Bu sözden çok etkileniyorum. Mevlana Celaleddin-i Rumi diyor ki: "Yalnız susayan suyu değil, suda susayanı arar." Dostluk etmek istediğiniz bir büyük varsa yaşı, tecrübesi olan, makam-mevki sahibi belki size çok yukarıda gözüken bir insan o da sizi arıyor emin olun. Sizin onun hayatına katacağınız, sizin ona vereceğiniz şeyleri arıyor. Yeter ki ortak bir zemin bulabilin. Yeter ki bir şekilde yollarınızı birleştirebilin. Peki, bu nasıl olacak? Bu en başta niyet etmekle, aramakla olacak.

---

[35]*Şemseddin Ahmed Sivasi*

"Arayanlar bulamaz; ama bulanlar hep arayanlardır."

Bayezid-ı Bistami hazretleri bir sözünde diyor ki: "Arayanlar bulamaz; ama bulanlar hep arayanlardır." Arayacağız, arayacağız ve kısmetimize güzel insanlar, güzel işler düşsün diye niyetleneceğiz. Dua edeceğiz. Sabahleyin evden çıkarken; "Allahım iyi insanlarla karşılaştır" diye dua edeceğiz. Çok para kazanmak değil, çok iyi insan kazanmak.

Avustralya'da Türk bir arkadaşım; "Dünyanın en zengin adamı benim." diyor. "Hayırdır" dedim, "Öyle bir zenginliğini bilmiyoruz biz." Dedi ki; "Çok şükür, bir şekilde yollarım çok güzel insanlarla kesişti. Geçen saydım, altmış ülkede istediğim zaman arayabileceğim ve evinde istediğim kadar kalabileceğim arkadaşım var." dedi.

Büyük zenginlik hakikaten. 60 ülkede ev alabilir misiniz? Hiç bakım sıkıntısı yok, para sıkıntısı yok, uğraşmak, sahip çıkmak sıkıntısı yok. 60 yere istediği kadar gidebilir, istediği kadar kalabilir. Bu büyük bir zenginliktir. Yeter ki onun peşine düşelim.

İsteyelim ki, ben insan biriktireceğim inşallah iyi insanlarla karşılaşırım. İyi insanı aramak, iyi insan peşinde koşabilmek, bu konuda algıları açık olması insanın çok önemli, niyetlenmesi de ayrıca önemli.

Efendimiz (s.a.v.)'e ilk iman edenlerin yaşlarını hatırlayalım.

Hz. Ali (r.a.) 10 yaşında. Abdullah bin Ömer (r.a.) ve Ubeyde b. Cerrah (r.a.) 13 yaşındalar. Ukbe bin Amir (r.a.) 14 yaşında. Cabir bir Abdullah (r.a.) ve Zeyd bin Harise (r.a.) 15 yaşındalar. Abdullah bin Mes'ud (r.a.), Habbab bin

Eret (r.a.) ve Zübeyr bin Avvam (r.a.) 16 yaşındalar. Daha niceleri 17 yaşında, 18 yaşında, 19 yaşında, 22 yaşındalar. Üç tanesi de 25 ila 31 yaş arasındalar.

Biz küçüğüz demiyor arıyorlar, hakikati, doğruyu arıyorlar. Doğruluğun dostluğunu arıyorlar. Efendimiz (s.a.v.) bu sahabilerle İslamiyet'i bina ediyor. Bütün dünyaya yayıyor. 2 milyar insana ulaşıyor. Tarihler boyunca, asırlar boyunca. Şu gençlerin omuzları üzerinde büyüyor. Demiyorlar ki ben 10 yaşında çocuğum benden ne olur? Ben 14 yaşında delikanlıyım benden ne olur demiyor. Peygamber niye benimle konuşsun, benimle bir şey yapsın demiyor.

Suda susayanını arıyor. Biz de illa ki kaç yaşında olursak olalım ne kadar az tecrübemiz olursa olsun niyetimiz sağlam olduktan sonra duruşumuz doğru olduktan sonra illa ki çok güzel insanlara çok faydamız olacak onların bize faydası olduğu gibi.

Bizlere faydalı olacak insanları yanlış yerde aramamamız lazım. Yanlış yerde ararsak, ne kadar ararsak arayalım bulamayız. Doğru insanı doğru yerde aramak çok önemli. Yanlış yerde doğru insan bulmamız zor. Evde kaybettiğimiz şeyi bahçede arayamayız. O yüzden doğru dostları bulabilmek noktasında doğru yerlerde olmamız önemli.

İyi bir dost olursak, iyi bir dost gelip bizi bulacak. Ama önce iyi bir dosttan beklediğimiz fedakarlıksa, sabırsa, hoşgörüyse, anlayışsa, destekse ya da her neyse onları belirleyip önce o insan biz olacağız. Bütün dostlarımız için. Bütün dostlarımız hak etmeyebilir, kıymetini bilemeyebilir, bizim bu güzelliğimizi değerlendiremeyebilir, olsun. Biz iyi bir dost olalım. Değerlendiren, kıymetini bilen, fark eden,

Doğru insanı doğru yerde aramak çok önemli. Yanlış yerde doğru insan bulmamız zor.

bize iyi dost olan bize bizim gibi davranan illa ki çıkacak, bulacağız ama önce biz olacağız. Olmadan "olmak" yok, olmadan "bulmak" yok.

Nasıl Dost Olalım?

Nasıl iyi dost oluruz. Bununla alakalı Cahit Külebi'nin çok sevdiğim bir şiiri var. Diyor ki:

"Bir gece habersiz bize gel

Merdivenler gıcırdamasın,

Öyle yorgunum ki hiç sorma

Sen halimden anlarsın.

Sabahlara kadar oturup konuşalım

Kimse duymasın.

Mavi bir gökyüzümüz olsun, kanatlarımız

Dokunarak uçalım."

...

Güzel bir dost tarifi. Dost; külfetsiz, beklentisiz insandır. Dost; zahmetsiz, yüksüz insandır. Fakat birbirimize yük olmaya başladığımız an dostluklar ister istemez zorlaşıyor, azalıyor ve yüzeyselleşiyor. O yüzden habersiz bize gel, kimse bilmese de olur. Öyle yorgunum ki, hiç sorma sen halimden anlarsın diyor şiirde.

Bununla ilgili Arapların bir atasözü var diyor ki; "Misafir söylemez, ev sahibi sormaz." Getirir yemeği ev sahibi hiç sormaz aç mısın tok musun, misafir de söylemez, getirir yemeği. Dostlukta da böyle bir ilişki var. Dostlar birbirine söylemez anlarlar. Sormasa da anlar o durumu ve ona göre konuşur desteğini verir veya konuşmaz desteğini verir. Nasıl dost olmamızla alakalı bu önemli bir şey.

> **Kendinizi devamlı birileriyle dostunuzla, arkadaşlarınızla, akranlarınızla etrafınızdaki insanlarla kıyaslıyorsanız, siz zaten cehennem azabını yaşıyorsunuz.**

Nuri Pakdil'in güzel bir sözü var; "İnsanlar cümlelerle yaklaşırlar birbirine, sonra uzatırlar ellerini tutunmak için." İlk başta güzel söz söylemek, nazik olmak, kibar olmak, dili iyi kullanmak, pozitif cümleler kurabilmek ve güler yüzlü olabilmek ilk ilişkiyi başlatabilmek için çok kritik bir öneme sahip. Sonra el sıkışma, sarılma geliyor. Ve o şekilde el sıkışarak, sarılarak birbirimize tutunuyoruz.

"İnsanları ne güzelliklerinden kovmaya ne de çirkinliklere bekçilik yapmaya hakkınız var." diyor Abdürrahim Karakoç. Yani dostumuzun güzelliği olabilir kıskanmaya hakkımız yok. Kimse kendini ne dostuyla ne başkasıyla kıyaslamamalı. Çünkü kıyas cehennemdir. "Kıyas cehennemdir." Ne demek? Cehenneme gitmeye gerek yok dünyada cehennemi yaşamak için. Kendinizi devamlı birileriyle dostunuzla, arkadaşlarınızla, akranlarınızla etrafınızdaki insanlarla kıyaslıyorsanız, siz zaten cehennem azabını yaşıyorsunuz. Hayatı o kadar zorlaştırıyorsunuz ki kendinize. Birisinin güzelliği varsa, kıskanmamıza gerek yok.

İlk olarak; bizden daha fazla şansa sahip, imkanlara sahip insanlara da kıskançlık duymadan, haset etmeden dost olabiliriz. Çünkü kıyas etmiyoruz kendimizi. İkincisi de çirkinliklerine bekçilik yapmaya hakkımız yok. Kusurlarını görmeye, araştırmaya, peşine düşmeye hakkımız yok. Hepimizin kusurları var. Bize zarar vermeyecek bir kusur olmadığı sürece kendi hayatında bazı kusurları varsa, varsın olsun o onun hayatı. Bizim dostluğumuza mani değil. Çünkü biz kimsenin kusurunun, hatasının, yanlışının bekçisi değiliz.

İbrahim Tenekeci, “Katlandığımız değil, razı olduğumuz insanlar dostlarımızdır.” diyor. Yani bir şekilde beraberiz, lanet olsun bu adama katlanıyorum, tahammül ediyorum, sabrediyorum, hep de beni aşağı çekiyor, hep de beni üzüyor, hep de bana yük oluyor. İşte bu insan dostumuz değil. Razı olduğumuz, bir fedakarlık yaptığımızda fedakarlığımızdan da razı olduğumuz, mutlu olduğumuz, sabrettiğimizde sabrımızdan da razı olduğumuz, mutlu olduğumuz, verdiğimizde verdiğimizden de razı olduğumuz, mutlu olduğumuz insanlar; bizim dostlarımızdır.

İnsan sevdiğine verdiğini, yaptığını sayar mı, saymaz. Fedakarlık, sabır ne gerekiyorsa dostum için ben yaparım, yeter ki yeri gelmiş olsun. Yeri gelirse ben yaparım, problem değil, onu saymam.

Nurettin Topçu’nun güzel bir sözü var. “Menfaat yaşamak, ahlak ise yaşatmak ister. Bir arada barınamazlar.” Biz dostlarımızla ilişkiyi menfaat üzerine kurmayız. Ben alayım, ben faydalanayım, ben kullanayım değil, ya da hep beni kullanıyor, hep benden faydalanıyor değil, “ahlakım var benim” dostluğumu yaşatmak isterim. Veriyorum, veririm. Problem değil. Fedakarlık mı yapıyorum? Yaparım, problem değil. Yardım mı ediyorum? Ederim, problem değil. Niye? Yaşatmak istiyorum. Bendeki dostluğun temelinde menfaat yok, ahlak var.

Dostlukla alakalı yapılan bir araştırma diyor ki; dostluğu devam ettiren şey dostların birbirlerinde gördükleri dış görünüş güzelliği, vücut güzelliği, fiziksel güzellikler değil. Mal, makam, mevki sahibi olmak değil. Sosyal becerilerdir dostluğu ilerleten ve sürdüren devam ettiren. Nedir sosyal beceriler? Birbirlerini anlıyorlar mı, birbirlerinin hayatını kolaylaştırıyorlar mı, birbirlerini seviyorlar mı, birbirlerine vakit ayırıyorlar mı, birbirleri için bir şeyler yapabiliyorlar mı? Dostluğu sürdüren devam ettiren şeyler bunlardır.

Nasıl Dost Kalalım?

Dost kalmak büyük mesele. Dost kalmakla alakalı da birinci mesele Haydar Ergülen'in şiirinden öğrenebileceğimiz bir şey. Diyor ki:

"Kalbindeki cama bir taş değer, dosttandır

'Kırılınca anlaşılır kalbin camdan olduğu'

Kalbin bahçesinde bir gül solar, dosttandır

Dostun varsa taşı güle sayarlar, akşamı güne.

Dostum varsa sözümü şiire sayarlar, beni şaire

Dostum var, öyleyse ölebilirim bile!"

İnsanın hayatında dostu olması çok kıymetli bir şey. Çok güzel ifade etmiş şair olarak. Bu kadar güzel ifade edemeyebiliriz belki ama dostların hayatımıza kattığı güzellikleri daha güzel bir şekilde yaşayabiliriz.

Bir gerçek var, dost kalabilmek için en önemli bilmemiz gereken şey; dost bazen hata yapabilir. Kalbimizdeki cama taş atabilir. Kalbimiz kırılır, problem değil. Hoş görebilmemiz, tahammül edebilmemiz lazım. Niye? Çünkü onun varlığı benim hayatımı zenginleştiriyor. O benim için kıymetli.

Arkadaşlık Hukukunu Koruyabilmek

"Dostlar senin hakkında her şeyi bilip hala seni seven insanlardır."[36] Güzel bir sözdür bu arkadaşlık hukukunu korumak, dost kalmak için. Dostumuzun kusuruna, yanlışına bakmadan onu bildiğimiz halde sevebilmemiz gerekiyor.

"Kusursuz dost arayan dostsuz kalır." diye güzel bir söz var, dostsuz kalırız. Biz kendimize de dost olamayız, olamıyoruz zaten kendimizin de kusurlarına çok bakıyoruz çünkü. O yüzden ilk başta herkesin her şeyini bildi-

---

[36] *Anonim*

"Gerçek dostluk beraber sessizce kalmanın rahatsız etmediği dostluktur."

ğimiz halde o bildiğimizi insanları ölçme makinesi haline getirmemek lazım. O şekilde kullanmamaktan geçiyor dost kalabilmek.

Aslında çok konuşmamıza da gerek yok. "Gerçek dostluk beraber sessizce kalmanın rahatsız etmediği dostluktur." diyor David Tyson.

Eşrefoğlu Rumi de; "Deprenmeden dil dudak, sözü işiten gelsin." diyor. Her şeyi konuşmak zorunda değiliz. Beraber yan yana kalabilmek, sessizliği paylaşabilmek, dostluğun önemli göstergelerinden bir tanesi.

Gerçek olup olmadığını nasıl anlarız dostların? Kazakistanlı şair ve filozof Abai, "Gerçek olmayan dost gölge gibidir. Güneşli havalarda ondan kurtulamazsın. Kapalı havalarda onu bulamazsın." diyor. Güneşli havalarda ondan kurtulamazsın, sen istemesen de peşinden gelir. Ama hava biraz bozsun onu bulamazsın. Sıkıntılı zamanda asla göremezsin, hiçbir şekilde karşına çıkmaz, arasan da bir şekilde bulamazsın. Ama güzel günlerde hep etrafındadır, kovsan da gitmez.

Mahmud Esad Coşan Hocaefendi; "İnsanların en acizi arkadaş bulmakta geri kalan; ondan daha acizi ise bulduğu arkadaşı zayi edendir."[37] diyor. Bu arkadaşlık hukukuna dikkat etmediği gibi yıllarca devam eden arkadaşlık hukuku ilişkiyi küçük bahaneler, küçücük kusurlar yüzünden yakıp yıkan insandır.

Merhum şair Ahmet Muhip Dıranas diyor ki; "Dost gözyaşımı gözden gizli silenim." Beni o kadar düşünen, o kadar fark eden, o kadar hassasiyet gösteren, bana o kadar özenen insandır, diyor. Bu da dostluk hukuku ile alakalı önemli noktalardan bir tanesidir.

[37] *İslam'da Dostluk ve Kardeşlik Adabı, Server Yayıncılık, s. 105*

Efsanevi Dostluklar

Efsanevi aşkları biliriz, "Leyla ile Mecnun", "Kerem ile Aslı", "Ferhat ile Şirin" gibi. Bunların hikayelerini hepimiz öğreniyoruz ama belki aşklardan daha önemli, daha güzel, daha büyük, daha kalıcı efsanevi dostluklar var.

Aşk hikayeleri ikisi kavuştuklarında bitiyor. Sonra ne oluyor acaba? Leyla ile Mecnun evlendikten sonra hala birbirlerini öyle sevebiliyorlar mı? Ferhat ile Şirin buluştuktan, bir araya geldikten sonra o sevgi, muhabbet devam ediyor mu? Soru işareti, bilmiyoruz. Ama bir şeyler kırılabiliyor zaman içerisinde.

Dostluklar böyle değil. Dostluklar her şeye rağmen daha az zarar görüyor evliliklere kıyasla. Evlilikte bir şekilde iktidar söz konusu olabiliyor. Bir şekilde güç ilişkisi söz konusu olabiliyor. Ama dostlukta böyle bir şey yok. O yüzden dostluklar evliliklere göre çok daha kalıcı, çok daha sağlam temeller üzerinde durabilir. Çok daha güçlü bir şekilde devam edebilir. O yüzden efsanevi dostlukları da anmakta fayda var diyerek iki tane örnek vermek isterim.

Birincisi; Efendimiz (s.a.v.) ve Hazreti Ali (r.a). Merhum Fethi Gemuhluoğlu diyor ki; "Dost ol kişidir ki, öldürülmesi muhakkak ve mukarrer olan gecede Peygamber-i Ekber'in yatağında yatar. Ona "Şah-ı Velayet" denir." Efendimiz (s.a.v.) Mekke'den Medine'ye hicret edeceği zaman, Hazreti Ali'yi (r.a) yatağına yatırıyor ki o gece Mekke müşrikleri Efendimiz'i (s.a.v.) öldürme kararı almışlar. Evin etrafında dolanıyorlar ve Hazreti Ali (r.a) öldürülmesi mukadder, karar verilmiş bir şekilde olduğu halde o yatağa yatıyor. Dost budur. Ölüm gelecek, gelsin ben dostum için yatarım diyor.

İkincisi; Hazreti Ebubekir (r.a.)'dir. Efendimiz (s.a.v.) ile Mekke müşriklerinden kaçıp Medine'ye hicret ederken müşrikler öldürmek üzere peşlerine düşüyorlar ve bir mağaraya sığınıyorlar. Efendimiz (s.a.v.) ve Hazreti Ebubekir (r.a). O mağarada ne oluyor? "Dost ol kişidir ki, Yar-ı Gar'dır (mağara arkadaşıdır). Kucağında bir mübarek emanet vardır. Bütün delikleri elbisesinden muhtelif parçalarla tıkar, son deliğe (ayak) tabanını dayamıştır. Kucağındaki mübarek emanet, uyumayan uyanıklık içinde uyur gibi görünmektedir. Oradan Ebubekir (r.a.)'i yılan sokar. Dost son deliğe tabanını, taban gibi görünen gönlünü uzatandır, gönlü ile orayı tıkayandır." diyor Fethi Gemuhluoğlu.

Kaç Dişin Var Dosta Feda?

Dostlukla alakalı yakın tarihimizde de çokça örnekler var. Çok önemsediğim bir tanesini zikretmek isterim. İsmet Özel ile Ataol Behramoğlu'nun dostlukları meşhur. Gençliklerinde beraber yoldaşlık yapmışlar. Birbirleri ile beraber yol yürümüşler.

Ataol Behramoğlu sürülmüş askerdeyken, ceza yemiş ve İsmet Özel'e bunu bir şiir göndererek haber vermiş. İsmet Özel de üzülmüş, onu teselli edecek bir şiir yazacak. Ama şiir yazması için kafasını toplaması, yalnız kalması, askeriyedeki standart vazifelerinden biraz geride durabilmesi lazım. Ne yapayım, ne edeyim, nasıl yaparım? Dişçiye çıkıyor, üç tane sağlam dişini söktürüyor. İzin alıyor üç-dört gün. Ondan sonraki o üç-dört günde şiir yazıyor. Fakat bitmiyor şiir. Bir daha dişçiye çıkıyor, bir üç tane daha dişini çektiriyor. Altı tane dişini dostunu teselli edebilmek için şiir yazmaya feda ediyor. Ardından "Karlı Bir Gece Vakti Bir Dostu Uyandırmak" şiirini yazıyor. Şiiri şöyle bitiriyor; "Neden büyük ırmaklardan bile heyecanlıydı karlı bir gece vakti bir dostu uyandırmak."

İsmet Özel'in o şiirinde, ilişkilerinden aldığı keyif, dostluklarından duyduğu heyecan var, büyük ırmaklardan bile daha coşkun, büyük bir şekilde akan duygu durumu var. Bunlar güzel örnekler, hissedilebilecek şeyler. Bizim insanımızın kalbi de bu toprakların doğasında ki kalpte geniş bir kalp. Bu sevgiye müsait bir kalp. Yeter ki uygun zamanı, zemini bulabilsin. Yeter ki kötü haberlerden, kötü insanlardan mikrop kapıp daralmasın, küçülmesin, kirlenmemiş olsun.

Dostsuz kalmak, arkadaşsız kalmak insanın hayatını daraltan, fakirleştiren, hayatla ilişkisini zedeleyen bir süreç.

Dostsuz Bir Hayat...

Dostsuz bir hayat zor ve sıkıntılı bir hayattır. Dedem -Allah rahmet etsin-, çok uzun yaşadı. 100 yaşını geçiyordu. Son 20-30 yılında bizim yanımızdaydı. Babamla çok şakalaşırlar, babam çok emek verir, hassasiyet gösterir, dikkat ederdi. Son zamanlarda, "Oğlum, ben ölmek istiyorum." dedi. Ben de dedim ki, "Dede, bir kusur mu işliyoruz sana, kalbini mi kırdık, bir şey mi dedi birisi sana?" Cevabı şu oldu, "Yok oğlum, benim akranım kalmadı, dostum kalmadı artık. O yüzden paylaşacak bir şeyim yok kimseyle. Artık bitti, ben ölmek istiyorum."

Dostsuz kalmak, arkadaşsız kalmak insanın hayatını daraltan, fakirleştiren, hayatla ilişkisini zedeleyen bir süreç. O yüzden ne yapalım edelim dostluk meselesine arkadaşlarımıza doğru bir şekilde sahip çıkmaya, kendimizi arkadaşlık ve dostluk konusunda doğru bir şekilde konumlandırmaya gayret edelim.

Üstad Necip Fazıl bir şiirinde diyor ki:

"Dostlarım ev eşyamdı, bir bir gitti diyorum.

Artık boş odalarda ölümü bekliyorum."

Dost olmadı mı her şey bomboş geliyor ve insan hayattan bıkıyor, ölümü bekler noktaya gelebiliyor. Dilerim güzel insanlarla karşılaşır, güzel ilişkiler kurarız. Dilerim çokça insanın ruhuna değer, hayatını kolaylaştırır, kalbini genişletir, yaşamını zenginleştiririz.

Karşımıza hep güzel insanlar çıksın...

Zor Zamanlardan Güçlü Çıkmak

"Virüs, salgın" denilen bir dönemden geçiyoruz. Bu dönem, daha öncesinde tecrübe ettiğimiz, bildiğimiz bir süreç değil, bizim için yeni bir dönem. Bazılarımız belki kitaplardan okudular, bazılarımız filmlerde buna benzer şeyler seyrettiler ama daha öncesinde bizatihi içinde yaşayarak tecrübe ettiğimiz bir dönem değildi bu süreç.

İnsanoğlu, bilmediği yeni bir dönemle karşı karşıya geldiğinde, özellikle de belirsizlikler çok fazlaysa ve insanı strese sokacak çok fazla unsur varsa ister istemez kaygısını kontrol etmekte problem yaşayabilir. Paniğine hakim olmakta zorluk çekebilir, duygularını yönetemeyebilir ve bundan dolayı psikolojik olarak zayıflar. Psikolojik olarak günlük ritme ayak uydurmakta zorluk çeker. Günlük meşgalesine adapte olmakta, dikkatini vermekte ilişkilerini sürdürmekte zorlanır.

Bu kısmı ikiye bölerek işleyelim. Birinci bölümde; bu dönem ile alakalı bilmemizin işimize yarayacağı, bilmemizin mutlaka faydalı olacağı şeyleri sizlerle paylaşmak isterim. İkinci bölümde ise; bu bildiklerimizi hayatımıza aktarırken bize güç olabilecek, destek ve dayanak olabilecek şeyler nelerdir, nelerden destek alabiliriz, neler bize kendimizi iyi hissettirir gibi başlıkların üzerinde durmak isterim.

İnsanoğlu İnsandır

Bilmemizin işimize yarayacağı noktaları beş madde olarak sıralayabiliriz:

Bunlardan birincisi; insanoğlu insandır. Duyguları, düşünceleri vardır ve bazen insana dair olan her şeyde olduğu gibi duygularına ve düşüncelerine güç yetirmekte zorlanabilir. Bu zaman zaman kendini kaygı olarak gösterebilir -özellikle de belirsizliğin çok, tehditlerin fazla olduğu zamanlarda-. Böyle zamanlarda herhangi bir şekilde kaygılarımızı kontrol etmekte zorlanıyorsak, panik duygumuza söz geçirmekte güçlük çekiyorsak bu zayıflık, eksiklik değildir. Yanlış da değildir. Tamamen insan olmaklığımızdan kaynaklanan bir özelliğimizdir. Bu nedenle şayet biz ya da eşimiz yahut çocuğumuz kaygı anlamında zorluk yaşıyorsa asla ve asla onları suçlamayalım. Asla ve asla onlarla alakalı veya kendimizle alakalı negatif bir değerlendirmeye, olumsuz bir düşünceye sahip olmayalım.

İnsan demek; zaman zaman kaygı yaşamak, zaman zaman paniklemek demek. Bu kaygı ve korku duygusu esasında bizim hayatımızı kurtaran bir şeydir. Belli bir oranda olduğu zaman iyi bir durumdur. Ama kontrolden çıkıp hayatımıza zarar vermeye başladıysa, hayat kalitemizi düşürüp ilişkilerimizi bozmaya başladıysa işte bu durumda müdahale etmekte fayda var.

Öncelikle şunu bilmeliyiz; böyle zamanlarda kaygıyla alakalı zorluk yaşamamız gayet normal. Bu ayıp, yanlış, eksiklik yahut zayıflık değildir, bu durumla alakalı olumsuz bir değerlendirmemiz olmasın. Ama başa çıkmakta zorluk çekiyorsak, hayatımız çok ciddi etkileniyorsa; bu konuda psikolojik destek almamız, yardım almamız çaresine-tedavisine bakmamız da asla yanlış yahut sıkıntılı bir durum değildir.

Kaygı Yaşamak Normal

İkinci olarak; "kaygı yaşamak normal" ama kaygıyı büyütmek, beslemek, onu bir canavar haline getirmek ve bir heyula haline getirip onun altında kalmak normal değil. Bu dönemde belki en çok dikkat etmemiz gereken noktalardan bir tanesi de kaygımızı besleyip büyüten, çoğaltan, kontrolden çıkartan kaynaklar nelerse onları tespit edip, mesafe koymamız.

Nasıl virüsten korunmak için sosyal mesafenin gerekliliğinden bahsediyorsak aynı şekilde ruh sağlığımız için de psikolojik mesafeye önem vermemiz lazım. Niçin? Çünkü virüs gibi kaygı da bulaşıcıdır. Bilmemiz gereken çok önemli noktalardan bir diğeri de "kendimizi dinlememiz."

Kendi kendimizi dinleyeceğiz, duygumuzu-düşüncemizi izleyeceğiz, şayet kaygımızın kontrol altından çıkmasına sebep olan faktörler varsa bu faktörlerle aramıza belli bir mesafe koyacağız. Bu faktörler haberleri seyretmek olabilir tartışma programlarında belli insanları dinlemek olabilir, belli sosyal medya hesaplarını takip etmek olabilir ya da bazı arkadaşlarımızla çok sık görüşmek olabilir.

Bazı insanlar çok iyidirler, hoşturlar ama biraz karamsardırlar, biraz umutsuzdurlar. Devamlı kötü şeyleri görürler ve kötü şeyleri konuşurlar. Normalde de bu tür insanların bize bazen zararları olabilir. Normal zamanda bu zararın tolere edilebilirliği daha mümkün. Fakat bu dönem kritik bir dönem, nasıl sevdiğimiz arkadaşlarımızla hatta anne babalarımızla virüs bulaşma tehlikesine karşı görüşmüyorsak, aynı şekilde psikolojik olarak bize kaygı ve karamsarlık bulaşmasın diye bu anlamda problem yaşayan insanlardan biraz uzaklaşmakta fayda var.

Kaygı, aynı Covid-19 gibi bulaşır ve kendimizi kaygının bulaşmasından korumak bizim sorumluluğumuzda.

Devamlı karamsar olan ve umutsuzluk konuşan, devamlı her şeyi kötü gören insanlarla aramıza psikolojik mesafe bırakmamız lazım. Çünkü açık ve net olarak şunu biliyoruz ki bu dönemde rahatsızlık yaşamamak için ya da herhangi bir şekilde bu virüse yakalandıktan sonra kolay atlatabilmek için iki tane bağışıklığa mutlaka sahip olmamız lazım. Bunlardan birincisi fiziksel bağışıklık, ikincisi psikolojik bağışıklık.

Psikolojik bağışıklığımız zayıf olursa, umutsuz, karamsar ve üzgün bir halde bu süreci geçirirsek ister istemez bünyemiz zayıflayacak ve karşılaştığımız virüse karşı daha dayanıksız bir hale gelecektir. O yüzden de dikkat etmemizde mutlaka fayda göreceğimiz şey, "kendi kendimizin doktoru olmak."

Kendi kendimizi dinleyelim ve kaygımızı büyütüp-besleyen süreçlerden, kanallardan ve insanlardan bu sürede uzak durmaya çalışalım ki bize kaygı ve karamsarlık bulaşmasın. Çünkü kaygı, aynı Covid-19 gibi bulaşır ve kendimizi kaygının bulaşmasından korumak bizim sorumluluğumuzda. Bu noktada bizden başka inisiyatifi olan çok fazla insan olmaz.

Adapte Olabilmek

Üçüncü olarak söyleyeceğimiz şey; insanoğlu yaratılışı gereği her şeye adapte olabilir. Mevsim değişir mevsime adapte olur; coğrafya değişir yeni coğrafyaya adapte olur. Kültür, ülke, iş... Hangi alanda olursa olsun tüm değişimlere ve yeniliklere adapte olabilir. Yeter ki değişen yeni süreci kabul etsin ve anlamlandırsın. Anlamlandırıp kabul ettiği sürece bir insanın adapte olamayacağı bir durum olmaz.

İnsanlar oldukça zor bir yaşama koşulu olan hapishane hayatına bile adapte olurlar. Çünkü adapte olamazsanız hayatta kalamazsınız.

Nitekim Nazi kamplarında uzun yıllar geçiren ve sonrasında tecrübelerinden bir psikoterapi ekolü çıkartan Victor Emil Frankl isminde çok önemli bir terapist vardır. Frankl diyor ki; "Ben çok fazla tecrübe yaşadım, Nazi kamplarında çok fazla insan gördüm. Bu süreci anlamlandırmayan ve kabul etmeyen insanlar ya hastalandılar ya sinir krizi geçirip, saldırıp ölüme mahkum oldular ya da bir şekilde dayanamayıp öldüler." Dolayısıyla bu süreçte sağlam kalabilmek için mutlaka ama mutlaka psikolojik olarak adaptasyon kabiliyetimizi kullanmakta fayda var. Bunun için de kabul etmemiz ve anlamlandırmamız çok önemli.

Bu dönem tatil dönemi değil, dolayısıyla kolay olmayan zor bir dönem. Tatil gibi düşünerek, "Evdeyiz, bir şey yapmıyoruz, ne yapalım salalım kendimizi" şeklinde düşünmemeliyiz. Böyle yaparsak büyük sıkıntılar çekebiliriz. Yahut bu durumun aksine "Bu dönem çok zor bir dönem, bekleyelim geçsin" şeklinde düşünmek de oldukça zararlı bir tutum. Beklersek daha zor daha sıkıntılı geçer. O yüzden ne kadar zor dönem olursa olsun adaptasyon için bir şeylerle meşgul olmak kadar bize bu dönemde iyi gelecek bir şey yoktur.

Meşguliyetlerimiz, şayet işimizden kaynaklanan sorumluluklarımızsa hiç "tatil modu"na girmemek için daha fazla çaba sarf edelim ve işimizden kaynaklanan sorumlulukları güzelce yerine getirmeye çalışalım. Şayet işimizden kaynaklı sorumluluklar azaldıysa ve evde çok fazla vakit geçirmekten kaynaklı boş vaktimiz varsa bu boş vakitleri de lütfen diziler önünde veya uykuyla ziyan etmeyelim.

Dengemizi ve sistemimizi bozmayalım. Bunun yerine okumayı ertelediğimiz kitaplarımız, edinmeyi ertelediğimiz

"Bir insan ne kadar hızlı bir şekilde bir rutin belirlerse o kadar hızlı bir şekilde bu süreci kontrol edebilir."

beceriler, bir türlü vakit ayıramadığımız hobilerimiz varsa onlara vakit ayırmaya çalışalım. Çünkü sistemimizi ne kadar bozarsak toparlanmamız da o kadar fazla zaman alacak, bu süreçten o kadar zayıf çıkacağız.

Bununla alakalı çok önemli bir tespit diyor ki; "Bir insan ne kadar hızlı bir şekilde bir rutin belirlerse o kadar hızlı bir şekilde bu süreci kontrol edebilir." Çünkü insanlar, özellikle belirsizlikler döneminde, bir şeyleri kontrol etmek isterler. Kontrol de rutinle olur. Şu anda önümüzü çok net göremiyoruz, üç ay sonrasında ne olacak çok net bilmiyoruz. O yüzden belki üç aylık plan değil ama "bugün ben ne yapmak istiyorum, neye vakit ayırmak istiyorum, kimlerle konuşmak ve görüşmek istiyorum, neyi öğrenmek istiyorum" konularında günlük rutinlere sahip olmak, günlük planlara ve programlara sahip olmak bu döneme adapte olma anlamında işimizi kolaylaştırabilir, bizi güçlendirebilir.

Psikolojik Dayanıklılık Adaptasyonla Orantılıdır

Psikolojik dayanıklılığının bir parçası muhakkak insanın yaşadığı sürece adapte olmasıdır. Adapte olunmazsa ciddi anlamda psikolojik dayanıklılık zayıflamış olur. Öte yandan insan ister istemez adaptasyon için bir zamana ihtiyaç duyar, yeni bir durum dengesini bozabilir o yüzden bir zaman ihtiyacı vardır. Bir an önce kendi belirlediğimiz programlarımıza, rutinlerimize dönmeye gayret edelim. Bu rutinleri oluşturmayı ne kadar geciktirirsek o kadar sıkıntı yaşarız.

Günlük Rutinlerin Önemi

Rutin meselesi çok önemli bir mesele ve maalesef gençlerimizin zihnine çok olumsuz bir şekilde kodlanmış bir kavram. Halbuki baktığımızda; dünya rutinle-ritimle dönüyor, güneşin bir ritmi var, mevsimlerin bir ritmi var, her şeyin bir rutini var. İnsanın bu kadar sistemli ve rutinli bir dünyada rutinsiz yaşaması onu önünde sonunda sıkıntıya sokar. Dolayısıyla bizim de bir ritime-rutine ihtiyacımız var. "Rutin yaratıcılığı, heyecanı, motivasyonu öldürür" şeklinde hikayeler var, o hikayelere kapılmamak lazım.

Açık ve net bir şekilde biliyoruz ki bütün başarılı insanların rutini var. Rutini olmayan başarılı insan yok.

İnsan Güçlüdür

Dördüncü konu ise; bu dönemde bilmemizin işimize yarayacağı, mutlaka zihnimizde bulunması gereken konu olarak vurguluyorum, insanoğlu düşündüğünden çok daha güçlüdür. Çünkü insanoğlu dünyaya geldiği andan itibaren mücadele içindedir. Bir gayreti vardır. Hep o gayretle hayata tutunmaya çalışır, hep o gayret sayesinde ayakta durabilir. Bebekliğimizi düşünün. Doğduğumuzda önce dönebilmek için uğraşıp mücadele ederiz. Sonrasında dişimiz çıkar ayrı sıkıntı çekeriz, yürüyebilmek için ayrı bir sıkıntı çekeriz. Konuşabilmek için ayrı bir sıkıntı çekeriz.

İnsanoğlu doğduğundan itibaren bir mücadelenin içindedir. Bu mücadele bizi aynı zamanda daha becerikli, daha tecrübeli, daha bilgili hale getirir. Bu mücadele hayatta karşılaşacağımız zorluklar karşısında ayakta durabilmemiz için lazım olan bir mücadeledir. Şayet bu mücadele ruhundan vazgeçmezsek, mücadele ile alakalı azmimizi ve gayretimizi kaybetmezsek hayatta bizi yenebilecek bir sıkıntı yoktur. Ne olsa üstesinden geliriz. Zorluk seviyesi biraz daha fazla olan durumlarda biraz daha zorlanarak üstesinden geliriz ama mutlaka geliriz. Nitekim baktığımızda, insanoğlu doğarken ister fakir çocuğu olarak ister zengin çocuğu olarak yahut ister şehzade, prens ister köle hangi sınıfa mensup olarak doğmuş olursa olsun, hangi özelliğe sahip olursa olsun yeni doğan hiçbir insanoğlu bir anda yürümeye başlayamıyor. Bir sürünecek, bir düşecek, bir yuvarlanacak...

Ortalama bir bebek yürümeyi öğrenene kadar yaklaşık 200 defa düşüyor ve kalkıyor. Tam 200 defa... Bununla birlikte tarihte şöyle bir kaydımız da yok: Bir insan bebek iken yürümek için mücadele etmiş, 150 defa düşmüş ve "Aaa yeter, 150 defa düştüm daha da uğraşmıyorum, yeter, bıktım, vazgeçtim." demiş olsun. Böyle bir kayıt yok elimizde. Yürümeye çalışırken düşen her insan yeniden mücadele etmiş, başarıncaya kadar mücadele etmiş ve bir şekilde ayağa kalkmış. Çünkü düşmeden ayağa kalkmak mümkün olmuyor. Düşe kalka insan büyüyor. Zorluklar içerisinde, mücadele ede ede, gayret ede ede büyüyor. Yeter ki vazgeçmemiş olsun.

İnsanoğlu mücadele ve gayret etmekten vazgeçmediği sürece her türlü zorluğun üstesinden gelebilir. Çünkü içinde yaşıyor olmaktan kaynaklanan birikimi, bilgisi ve tecrübesi vardır. Bu üçünü kullanabilirse üstesinden gelemeyeceği zorluk yoktur. Ama vazgeçerse kendinden, becerilerine inanmazsa, bilgilerinden haberdar olmazsa, tecrübelerine kör kalırsa o zaman tabi ki başarısız olması ve zorluklar altında ezilmesi muhakkaktır.

İnsanoğlu düşündüğünden çok daha güçlüdür, çok daha dayanıklıdır. Yeter ki kendini iyi görebilsin, kendini iyi okuyabilsin, geçmişten bugüne kadar verdiği mücadeleyi, yaptıklarını, kazandığı başarıları, öğrendiklerini ve tecrübelerini vs. kendini bütünüyle iyice bir görebilsin ve onun üzerinden kendinden vazgeçmeden mücadeleyi bırakmasın.

Okumak

Beşinci noktamız ise şu: Bu dönem bizim için harikulade bir okuma dönemi. Ama kitap okumaktan bahsetmiyorum. Hayatı, kendimizi ve insanlığı, insanları okuma, dünyayı okuma... Çünkü şu an hakikaten çok ezber bozan şeyler yaşıyoruz. Mesela bu konuda bir Yunus Emre şiiri vardır. Der ki:

"Bir sinek, bir kartalı salladı vurdu yere

Yalan değil gerçektir, ben de gördüm tozunu."

Duyduğunuzda ilk önce garip geliyor. Sinek kartalı nasıl kaldırıp vurmuş yere. Ama baktığımızda, o kadar güçlü ülkeler o kadar büyük sistemler bir tane virüse teslim olabiliyor, maske, önlük bulamaz hale gelebiliyorlar. Yunus Emre'nin şiirindekilere benzer ilginçlikte durumların yaşanabildiği bir dönemden geçiyoruz. Kendimizle alakalı da belki bir sürü şey fark edip keşfettik. Bundan önceki hayatımızla bugünkü hayatımız ve bundan sonraki hayatımız arasında fark olması lazım bu nedenle. Türkçemizde "Güngörmüş" diye harikulade bir kelime vardır. Ayrıca belirtelim ki bu kelime insan dışında bir canlı için kullanılmaz. Güngörmüş ifadesi insanın yaşadıklarından bir şeyler çıkarmasını ifade eder. Şair (Ataol Behramoğlu) diyor ki:

"Yaşadıklarımdan öğrendiğim bir şey var..." Gün görmek insanın yaşadıklarından bir şey öğrenmesidir. Günü görmüş olması, o günü geçirmesi ve o tecrübeyi yaşamış olması onu daha bilge bir insan yapmaktadır.

Biz bu dönemi iyi okuyabilirsek, iyi anlayabilirsek, iyi sindirebilirsek bugünleri görmüş olmamız bizi daha bilge, tecrübeli ve dayanıklı insanlar yapacak. Ayrıca hiçbir potansiyel zorlanmadan ortaya çıkmıyor. Sağlam durabilirsek bu dönem, içimizde belki daha önce keşfetmediğimiz fark etmediğimiz ya da zayıf kalmış potansiyellerin ortaya çıkması için bir zamandır, fırsattır. Bu dönemi bir öğretmen gibi değerlendirebiliriz. Mevlana Celaleddîn-i Rumi şöyle diyor Mesnevi'sinde: "Başımıza gelen zorluklar bizim için bir öğretmendir."

Mevlana, bize bir şey anlatmak istiyor. Yeter ki biz onun eğitimine açık olalım. "Gönlümüzü ve kalbimizi, zihnimizi onun eğitimine açalım." diyor. Bu dönem bizim için bir öğretmen olabilir. "Bu dönem bana kendimle alakalı, hayatla alakalı, insanlarla alakalı ne öğretiyor?" sorularını sorabilelim, bunu sorabilirsek bu dönem bizim için travmatik büyüme ile sonuçlanabilir.

Peki travmatik büyüme nedir? Özet olarak travmatik büyüme: İnsanlar zorluk dönemlerinde kendilerinden vazgeçmez, mücadele eder ve o dönemi iyi okuyabilirlerse o dönemin ardından travmatik büyüme yaşarlar. Öncesine göre daha güçlü olurlar. Öncesine göre daha dayanıklı, daha sağlıklı olurlar ve daha iyi hissederler. Bu dönem bizim sonrasında daha iyi hissedebilmemiz için bir eğitim, bir okul olabilir. Yeter ki bu dönemin öğreteceklerine biz kendimizi kapatmayalım. Bu dönemin öğretmenliğini kabul etmiş olalım.

Beş tane maddenin üzerinde durduk. Bu maddeleri hayatımıza geçirmek için destek alabileceğimiz bize güç verecek beş kaynağımız ne olabilir?

1. Tecrübe

Bunlardan birincisi kendi yaşam tecrübelerimizdir. Sahip olduğumuz bilgi ve becerilerimizdir. Ama bunun için öncelikle neye sahip olduğumuza bakmakta fayda var. Ahmet Hamdi Tanpınar'ın şu güzel sözünü bir kez daha hatırlayalım: "Öyle çok insanlar vardır ki bir ömür boyu kendileriyle yaşarlar ama hiç kendileriyle karşılaşmazlar."

Baktığımızda, birçok insan saatlerini, günlerini, yıllarını geçirir ama aklında ve kalbinde hep başkaları vardır. "O ne yapmış, şu nereye gitmiş, öbürü ne düşünmüş, ne demiş" vs... Ben psikoloğum ve bu anlamda çok tecrübeliyim. Bazen ilk seans için gelirler, tanışırız. Kısa bir süre sonra derler ki; "Hocam sizce ben nasıl biriyim?" Ben de: "Bilmiyorum ilk kez karşılaşıyoruz, beş dakika oldu. Siz 30 senedir kendinizle yaşıyorsunuz, yani sizin benden daha çok bilgi sahibi olmanız lazım kendiniz hakkında. Ben 30 dakikada sizin 30 senede edinemediğiniz bilgiyi edinemem." derim.

İnsan kendine 30 sene boyunca kör kalınca başkasından medet umar hale geliyor. Kendinin kendisini göremeyeceğini, tanıyamayacağını düşününce başkasından geri bildirim almayı tercih ediyor. Dolayısıyla bu dönem kendimizle tanışmak için iyi bir fırsat. Bir kitabın ismi çok hoşuma gitti: *"Herkes İçine Baksın."* [38] Bundan önce herkes işine bakıyordu ama şimdi herkesin içine bakması için bir fırsat var önümüzde.

Hikayedir anlatılır, yeri gelmişken paylaşayım isterim. Bir adam Amerika Kıtası ilk keşfedildiğinde Kızılderililerin hayatlarını merak ediyor. Bir kabilenin yanına gidiyor ve diyor ki; "Bir müddet sizinle yaşayabilir miyim? Sizin hayatınızı kitap yapmak istiyorum." Hoşgörülü davranıp müsaade ediyorlar. Bu adam kabile ile geziyor, her şeylerini de yazıyor. Şöyle oturdular, şöyle kalktılar, şunu yediler, bunu içtiler vs. Fakat bir şeyi yazamıyor çünkü anlayamıyor. Anlayamadığı şey şu: Bu kabile üyeleri göçebeler. Hareket halindeler. Gitmeleri gereken yolları var. Fakat yola çıkıldığı zaman ara sıra duraksıyorlar. Adam merak edip dikkatlice bakıyor acaba birini mi bekliyoruz, yemek mi yiyeceğiz şeklinde düşünceler ile. Fakat hayır. Herhangi bir sebep olmaksızın yürümeden sadece bekliyorlar bir süre. Sonra devam ediyor-

---

[38] *Saadettin Acar, Profil Kitap*

Bu dünyada insan hayatını anlamlandırmazsa dünyada sağlam duramaz, mutlu olamaz, dayanıklı bir şekilde hayatına devam edemez.

lar yola. Ardından yeniden bu durma faslı, bu şekilde ilerliyorlar. Adam bir türlü anlamlandıramıyor bu sebepsiz duraksama halini. En sonunda kabilenin reisine gidiyor ve bu duraksamaların sebebini soruyor. Reisin cevabı çok ilginç, diyor ki: "Bedenlerimiz çok hızlı hareket ediyor, ruhlarımız geride kalıyor. Biz bekliyoruz ki ruhlarımız bizlere yetişsin ve bize hatırlatsın bir şeyi; nereden geldik, nereye gidiyoruz ve amacımız neydi?"

Bu dünyada insan hayatını anlamlandırmazsa dünyada sağlam duramaz, mutlu olamaz, dayanıklı bir şekilde hayatına devam edemez. O yüzden hepimizin hayatımızı anlamlandırmakla alakalı, bir amaca tutunmak, bir hayale sahip olmak ve bir rüya büyütmekle alakalı gündemi olması lazım. Bu gündemi kaybettiğimiz zaman, bedenlerimizin çok hızlı hareket ettiği, ruhlarımızın geride kaldığı ve bizim nereden gelip nereye gittiğimizi anlamlandıramadığımız bir dönemi yaşarız.

Amacımızı kaybettiğimiz zaman hayatın, olayların ve insanların içinde savrulup gideriz. Sağlam durmakta, dik durmakta problem yaşarız. Hayatımızda çokça dikkat etmemiz gereken noktalardan bir tanesi de şu: İçinde bulunduğumuz dönemde, ruhumuzu beklememiz için, ruhumuzun bize yetişmesi için, kendimize "nereden geldik, nereye gidiyoruz, amaç neydi?" sorularını sorabilmemiz lazım.

Sorularımızın farkına varabilirsek kendi kaynaklarımızdan, yaşadıklarımızdan, öğrendiklerimizden çokça istifade edebileceğimiz bir süreçten geçmişiz demektir. Ama bunlara kör kalırsak, gündeme getirmezsek, günlerimizi de bir şekilde kendimizle alakalı bir şey öğrenmeden geçirirsek ciddi anlamda sıkıntı yaşayabiliriz.

2. Kişisel Tarihimiz

İnsanın dayanıp tutunacağı önemli şeylerden bir diğeri ise kendi kişisel tarihidir. Kendi kişisel tarihimizden kastımız; kendi yaşadıklarımız. İkinci olarak kendi ailemizin tarihinde neler olmuş, kendi ailemizin tarihinden bize ne miras kalmış bunu kast ediyorum. Miras dediğimiz şey sadece ev, araba, han veya hamam değildir. Miras dediğimiz şey aynı zamanda büyüklerimizin bize getirdiği bilgidir, beceridir, duruştur, davranıştır ve tecrübedir. Bunların da ne kadar farkına varabilirsek, ne kadar keşfedilmesini sağlayabilirsek o kadar işimize yarayacaklar.

İnsanlar temel bir ihtiyaç içerisindedirler: "Özdeşim Kurma İhtiyacı." Bir insan başka bir insanla özdeşim kurmak ve onun davranışlarını taklit etmek ister. Onun gibi olmak ve davranmak ister. Bu nedenle insanlar özdeşim kurabilmek için biyografi kitapları okuyorlar, biyografi filmleri seyrediyorlar. Özdeşim kurmaya, ilham almaya, örnek almaya çalışıyorlar. Bunları yapalım muhakkak faydası olur. Ama film ve kitaplardan önce özdeşim kurup ilham alabileceğimiz çok daha yakın bir kaynağımız var. O kaynağımız ailemiz ve büyüklerimizdir. Çünkü içinde bulunduğumuz topraklar çokça mücadeleye şahit olmuş. Daha iki-üç kuşak öncesinde dünya savaşlarını, Kurtuluş Savaşı'nı tecrübe etmiş, açlıklarla ve kıtlıklarla mücadele etmişler, ihtilaller tecrübe etmişler ve bir şekilde ayakta kalıp bize bilgi, birikim ve tecrübe aktarmışlar. Bütün bu birikim bize bir şey söylüyor. Bize bir dayanak noktası oluşturuyor. Bu dayanak noktasını keşfedebilirsek, büyüklerimizin hikayelerini dinleyebilirsek ve onlardan ilham alabilirsek bizim için harikulade bir dayanak noktası ve çok iyi bir güç desteği olabilirler.

Birleşmiş Milletler'in bir toplantısı için Viyana'ya gittik. Büyükelçimiz de bizi orada ağırladı. Sohbet ederken bir ara kendisiyle baş başa kaldık, o sohbette bana şöyle bir şey dedi: "Hocam, ben bu yaşıma geldim, çok iyi okullardan mezun oldum, devletimizi temsil ettim, çok tecrübeler yaşadım ve bu tecrübelerden şunu öğrendim; hayatımda işime yarayan bilgilerin yüzde 80'ini ben ya anam-babamdan ya da dedem-nenemden öğrenmişimdir."

Aile büyüklerimizin hikayelerini, becerilerini ve tecrübelerini dinlersek, öğrenirsek örnek alabileceğimiz çok şey var. Şayet biz halihazırda biliyorsak bunları çocuklarımıza aktarmaya çalışalım. Maalesef özellikle gençlerimiz başka dünyaların hikayelerini çokça duyuyorlar. Kulaklarına ve zihinlerine çok farklı hikayeler girmiş oluyor. Tabi ki bunun zararı olmayabilir ama dediğim gibi özdeşim kurma anlamında en yakınımızdakinden ilham alabilmemiz, en yakınımızdakini kendimize örnek olarak görebilmemiz ve takip edebilmemiz daha kolay olacaktır.

Çocuklarla Hangi Aktiviteyi Yapalım?

Çocuklarla kendi kişisel tarihimizin peşine düşelim. Çocuklarımızla; dedeleriyle, anneanneleriyle beraber görüşebilecekleri -online olabilir, telefonda olabilir- büyüklerin onlara hikayelerini anlatabilecekleri oturumlar organize edelim. Ya da kendi hayatımızı anlatalım. Kendi çocukluğumuzda zorlandığımız, kafamızın karışık olduğu dönemleri anlatalım. Ne kadar aktarabilirsek o kadar iyi.

Çocuklar anlattıklarımıza ilk başta belki ilgisiz görünebilirler. Ya da akıllarında kalmayabilir anlattıklarımız. Ama zihin ve hafıza inanılmaz bir şeydir. En olmadık ve en zor zamanda ortaya çıkıp öğrendiklerini kullanır hale getirebilir. Yeter ki gönüllerine ve zihinlerine büyüklerin sesi girmiş olsun. O nedenle bu dönemde yapabileceğimiz en önemli aktivitelerden bir tanesi kendi kişisel tarihimizi ve ailemizin tarihini hem kendimize hem çocuklarımıza anlatmak.

Baktığımızda gençler ve çocuklar dedeleriyle alakalı çok kısa ve sınırlı bilgilere sahipler. Gençlerin büyüklerine ilişkin, "Hayatı boyunca ne yaşadı, ne düşündü, ne hissetti, nasıl mücadele verdi ve nasıl ayakta kaldı?" konularında detaylıca bilgi sahibi olmasında büyük fayda var. Bu tür aktiviteler bizi güçlendirecek çok önemli aktiviteler olabilir.

3. Kültürümüzün Tarihi

Dayanak noktası bulma anlamında bir diğer mesele şu: Kültürümüzün tarihini, kültürümüzün mirasını fark eder, keşfeder ve sahip çıkarsak çokça istifade ederiz. Çünkü bu topraklar çok medeniyetler ve çok mücadeleler görmüş. Bu nedenle bir sürü hikayeye sahip. Bütün yaşadıklarını asırlar boyunca biriktirmiş, dönüştürmüş ve rafine hale getirmiş. Bu rafine tecrübeyi ve birikimi bize şarkılarla, türkülerle, deyişlerle ve atasözleriyle aktarmışlar.

Hayatımız boyunca bize dayanak olabilecek en önemli şeylerden bir tanesi şarkılarımızı, türkülerimizi, kültürümüzün içinde yer alan unsurları yeniden keşfetmek. Hem kendimiz için hem çocuklarımız için. Bunlar o kadar güzel bilgiler ki bir tanesini bile dinlemek, örneğin bir türküyü dinlemek bazen on cilt kitap okumaktan daha iyi gelebilir insana, daha çok rahatlatabilir. Keşfetmek lazım. Beni çok rahatlatan bir türkü vardır.[39] Şöyle bir kısım geçer türküde:

"Ah Hüseyin beyhude ah etme naçar,

Bir kapı örterse birini açar,

Buna dünya derler hepsi geçer

Hangi günü gördün akşam olmamış."

---

[39] *Zamanede Bir Hal Gelmesin Başa*

Bu türküyü çok severim, çok rahatlatır beni. İyi gelir bana. Size de iyi gelen bir türkü mutlaka vardır. Bir hikaye de olabilir. Yahut bir şarkı... Biz biliyorsak bizi rahatlatanın hangisi olduğunu çocuklarımızın da kendilerini rahatlatacak olan türküyü, şarkıyı, deyişi yahut hikayeyi bulabilmelerini sağlamak için keşfetmelerine yardımcı olmamız lazım. Onların kulaklarına girmesini ve gönlüne yer etmesini sağlamamız lazım.

Çocuklarımızı kültürümüzün unsurları ile ne kadar tanıştırırsak o kadar çok dayanak noktaları olacaktır. Yanı başımızda çok fazla hazine var.

Çok güzel bir hikaye vardır. Mesnevi'de geçer. Güney Amerikalı yazar Paulo Coelho da Simyacı adında çok güzel bir kitaba dönüştürdü. Hikaye şöyle:

"Eyüp'te bir fırıncı var. Fırıncı rüyasında Bağdat'ta bir hazine olduğunu görüyor. İlk başta itibar etmiyor. İkinci ve üçüncü kez de aynı rüyayı görünce diyor ki; "Herhalde böyle ciddi bir hazine gerçekten var bir gideyim keşfedip sahip çıkayım." O zamanlar yolculuk etmek zor, masraflı. Fırınını satıyor ki yol parası yapsın. Fırını satıyor ve o parayla yola çıkıyor. Uzun meşakkatli bir yolun sonunda bir gece yarısı Bağdat'a varıyor. O dönemde gece sokağa çıkmak yasak. Bir bekçi çeviriyor adamı ve "Gece sokağa çıkmak yasak, sen ne arıyorsun dışarıda?" diyor. Adam, "Ben yabancıyım, bilmiyordum." deyince bu sefer bekçi "Niye geldin, kime geldin?" diye soruyor. Adam başta söylememek için direniyor. Fakat en sonunda itiraf etmek zorunda kalıyor. Diyor ki; "Ben rüyamda bir hazine gördüm, onu keşfetmek için geldim Bağdat'a." Bu cevabı duyunca bekçiyi bir kahkaha alıyor. Diyor ki; "Yahu sen ne ahmak adamsın, böyle şey olmaz. Ben kırk senedir rüyamda görürüm ki Eyüp'te fırıncı Ahmet Ağa'nın evinin bahçesindeki incir ağacının altında bir hazine var. Bir defa bile gitmeyi düşünmedim." Bu cevabı duyan adam şok oluyor çünkü fırıncı Ahmet Ağa ta kendisi. Kendi bahçesinde ağacın altında bir hazine var ama bundan habersiz kendisine faydası olacak hazineyi Bağdat'ta arıyor.

Bizim halimiz de biraz böyle. Kendi aile büyüklerimizin, kendi kişisel tarihimizin içinde çokça hazineler var. Ama aramadığımız ve alıcı gözle fark etmediğimiz zaman maalesef Bağdat'ta arıyoruz hazinemizi ve hayal kırıklığı yaşayabiliyoruz. Kültürümüzün içerisinde de bizlere iyi gelecek çokça hazineler, kıymetli miraslar var. Bunları keşfetmekte fayda var.

4. Güzellikleri Konuşmak

Bize dayanak olabilecek, iyi gelebilecek şeylerden bir tanesi de şu: İçinde yaşadığımız toplumun içindeki güzellikleri konuşmak, dillendirmek, paylaşmak ve anlatmak. Hem kendimize hem başkalarına. Çünkü söylediğimiz sözler en çok bizi etkiliyor. Derler ki; "Bir insanın kulağına en yakın dudak kendi dudağı, dudağına en yakın kulak kendi kulağıdır." Bir insanın söylediklerinden en önce ve en çok kendisi etkilenir.

Kendi kendimize bir bakalım. Gün içerisinde konuştuğumuz şeyler kötü ve yanlış insanların yaptıkları kötü şeyler mi? Yoksa iyi insanların yaptıkları iyi şeyler mi? Şayet kötü insanların kötülüklerini anlatırsak onlar büyürler, onlar daha çok gözükürler. Daha güçlü gözükürler. Kötü insan yok mu? Var elbette. Kötülükler de var. Ama o kadar büyük müdür? Değildir. Biz hala sokağa çıkabiliyorsak, birbirimize güvenip itimat edebiliyorsak, birbirimizin yüzüne bakıyorsak, bir şekilde dayanışma içerisindeysek, yaşanan birçok olaya rağmen bir yağmalama olmadıysa, stoklama ülkeyi sarsacak kadar olmadıysa bu hala birbirimize güvendiğimizin ve iyilerin çok daha fazla olduğunun işaretidir.

Kötüleri beslersek, onlar daha güçlü ve daha görünür olacaklar. Böylece biz daha çok çaresiz ve umutsuz hissedeceğiz. Ama iyileri ve iyilikleri konuşursak onlar büyüyecek ve artacaklar

Her gün Türkiye'nin çok farklı yerlerinden çok güzel haberler geliyor. Bir iş yeri çıkıp diyor ki; "Ne olursa olsun ben hiçbir işçimi Covid-19 sürecinde işten çıkarmayacağım." Öteki taraftan başka bir haber geliyor: Kiracılara ev sahipleri telefon açıp kiranızı ödemeyi erteleyebilirsiniz diyor. Öte taraftan bakıyorsunuz pazarlarda kampanyalar oluyor.

Bu şekilde inanılmaz bir iyilik ağı bütün ülkeyi örmüş durumda. Her yerden ortaya çıkıyor. Ama bunun yanında kötü insanlar ve kötü haberler de var muhakkak. Mesele bizim hangisini konuşacağımız. Hangisini konuşmak bize iyi geliyor, inancımızı, umudumuzu arttırıyor, heyecanımızı ve dayanıklılığımızı arttırıyor... Bununla alakalı güzel bir hikaye var.

Bir Kızılderili reisi torunuyla beraber evlerinin önünde oturuyorlar. Önlerinde biri siyah biri beyaz olmak üzere iki köpek kavga ediyor. Dede torununa bir ders vermek istiyor. Diyor ki; "Bak evlat, hayatta iyilik ve kötülük hep bu köpekler gibidir. Siyah köpeği kötülük, beyaz köpeği iyilik gibi düşün. Bunlar hep kavga ederler." Torunu da şöyle diyor: "Dede! İyilik kazanır değil mi?" Dede şöyle cevap veriyor: "Hayır, ben hangisini beslersem o kazanır." Biz hangisini beslersek o kazanacak. Kötüleri beslersek, onlar daha güçlü ve daha görünür olacaklar. Böylece biz daha çok çaresiz ve umutsuz hissedeceğiz. Ama iyileri ve iyilikleri konuşursak onlar büyüyecek ve artacaklar.

Kötülüğün Sıradanlaşması

Kötülük ne kadar çok konuşulursa ve kötüler ne kadar çok yer bulursa toplumda kötülük o kadar çok sıradanlaşır ve normalleşir. Kötülük sıradanlaşıp normalleştikçe de insanlar artık duyarsız kalmaya ve kötülük karşısında çaresiz hissetmeye başlarlar. Aynı zamanda kötüler kötülükleri yapmakta daha rahat hissetmeye başlar. O yüzden kötülüğü normalleştirmemek ve sıradanlaştırmamak çok önemli.

Hepimiz topluma bir şeyler veriyoruz. Topluma verebileceğimiz en önemli şeylerden bir tanesi umuttur. Toplumumuzun buna ihtiyacı var. Güvene ihtiyacı var. İyi haberleri duymaya ihtiyacı var. Maalesef haber kanallarından, sosyal medyadan devamlı kötülük haberleri geliyor. Kötü bir şey yapan insan iyi bir şey yapan insandan daha çok duyuluyor ve biliniyor.

Bu nedenle biz topluma bir şey vereceksek en önemli şey iyiliklerin arttırılması. İyilik de kötülük de konuşulduğu zaman yayılıyor. İyilik konuşulduğu zaman iyilik, kötülük konuşulduğu zaman kötülük besleniyor. Biz hangisini beslemek istiyoruz? Hangisinin normal olmasını istiyoruz, iyilik mi, kötülük mü?

5. Değerlerimiz

Hepimizin hayatta yaşarken sahip olduğu değerler var ve bunlar bizim dayanak noktalarımız. Her davranışımızın, hassasiyetimizin ve her düşüncemizin ardında bir değer var. O değeri fark edip açığa çıkartırsak ve güçlendirirsek o değer zor dönemlerde yıkılıp kalmaz. Aynı bir ağacın kökü gibi düşünün. Kökü açığa çıkartıp besleyip güçlendirirsek fırtınalar o ağacı yıkamaz. Ama o ağacın kökünü beslemezsek en ufak bir fırtınada zayıflığından ötürü yıkılır.

Benim çok sevdiğim bir dostum, pozitif psikoterapinin öncü isimlerinden Kanadalı psikolog Tayyab Rashid, "Covid-19 salgını döneminde ailemiz ve çocuklarımızla yapabileceğimiz 101 aktivite" adında bir rehber hazırladı. Birçok rehber görmüşsünüzdür bu tarzda ama bu rehberi farklı kılan şuydu. Bu rehber her bir aktivitenin altındaki değeri birleştirdi. Yani; "Bu aktivite şu değerle birlikte düşünülebilir", "İnsan bu değere sahip olduğu için muhtemelen bu aktiviteyi yapıyordur" vs. şeklinde.

Normalde baktığınız zaman, söz konusu aktivite çocuklarla boyama yapmak. Basit bir şey gibi görünüyor. Ama bir insan çocuğu bunalmasın, darılmasın ve üzülmesin diye kendisi sevmediği ve istemediği halde onunla vakit geçiriyor, sıkıldığı halde boyama yapmaya vakit ayırıyor ise bu insanın koruduğu bir değer vardır. Düşüncenin ve davranışın ötesinde bir şey bu. O hareketi yapan insanda o davranışa götüren daha derinde bir kaynak var o da değerlerimiz. Ama bu değerlerimizin farkına varmazsak, davranışlarımızla değerlerimizi düşüncemizde birleştirmezsek kökü güçlenmez ve bir yerden sonra neyi niçin yaptığımızı anlayamaz hale geliriz. Bir süre sonra da yaptığımız güzel şeylerden vazgeçer oluruz.

Değerlerimiz ve davranışlarımız arasındaki bağı ne kadar iyi kurarsak, "Ben bu davranışı niçin yapıyorum, neyi gözetiyorum?" sorularının peşine düşersek değerlerimizin kökleri sağlamlaşır. Her anımıza ışık tutmaya, bize güç vermeye devam edecekler.

Aile Bireylerine Olan Tahammülümüz Azaldıysa

Bu konuda yardımcı olabilecek üç noktayı size vurgulamak isterim.

Birincisi: Sihirli bir değneğimiz yok. Bir şey yiyeceksiniz hepiniz rahatlayacaksınız, bir şey yapacaksınız çok mutlu olacaksınız. Böyle bir şey yok. Ama şöyle bir şey var ki, bu dönem kendimizi eğitmemiz ve terbiye etmemiz için bir dönemdir. Ve kendimizi eğitmemiz gereken en önemli noktalardan bir tanesi sabır ve tahammüldür. Özellikle çocuklarımız için örnek olmamız gereken en önemli husus da sabır ve tahammüldür. Biz sabır ve tahammül anlamında ne kadar düşük eşikli olursak onlar da aynı oranda düşük eşikli olacaklardır.

İnsanoğlu bilmediği bir durumla karşılaştığı zaman herkes ne yapıyorsa onu yapar. Sosyal psikolojide bununla alakalı sayısız araştırma vardır. Örneğin iki tane gişe var. İkisi de açık ama bir grup bir gişenin önünde sıraya giriyorsa, sonradan gelen de o sıraya giriyor. Öteki taraftaki boş gişeye gitmiyor.

Uyma davranışı insanlarda çok fazla var. Çocuklar açısından bu durum daha baskındır. Öte yandan çocuklar bilmedikleri bir dönemdeler. Onlar için salgın, bulaşma, ölüm çok detaylı bildikleri kavramlar değil. Dolayısıyla nasıl tepki vereceklerini sizin duruşunuza ve davranışlarınıza göre belirliyorlar. O yüzden bunu ciddi anlamda düşünüp sabır ve tahammül anlamında kendi limitlerimizi zorlamamızda fayda var.

Eşimizle olan ilişkimizde de böyledir. Aile terapilerinde sistem kuramı adında bir kuram vardır. Temelde dediği şudur: Sistem içinde değişen her şey bütün sistemi etkiler. Aile sisteminin bir üyesi olarak ben sabrımı ve tahammülümü arttırıyorsam ister istemez eşim de uzun ya da kısa sürede en sonunda tavrını ve tarzını değiştirmek zorunda kalacak. O yüzden birinci olarak bilmemiz gereken şey sabrımızı ve tahammülümüzü artırmaya çalışmak. Öncelikle elbette kendimizden başlayarak.

İkinci noktamız: Yaşantılar, sözler unutulabilir ama duruş unutulmaz. Bu günler bir şekilde geçecek ama duruşumuz, -sağlam mıydık, sabırlı mıydık, tahammülsüz müydük vs.- kalıcı olacak. O yüzden çocuklarımıza miras olarak nasıl bir duruş bırakmak istiyoruz veya eşimiz bizi zor zamanlarda nasıl bilsin istiyoruz, bunu da mutlaka bir davranışta bulunmadan evvel düşünürsek o kadar sıkıntılı zamanları daha doğru bir şekilde atlatabiliriz.

Üçüncü noktamız ise: İnsaflı olmak. "İnsaflı olmak"-tan kastımız; hepimiz aynı tecrübeyi beraber geçiriyoruz. Hiçbirimizin birbirinden farkı yok. "Ben zor bir süreçten geçiyorum, bağırabilirim, sinirlenebilirim. İdare edin beni." gibi tutum söz konusu olmamalı.

Hepimiz aynı zorluktan geçtiğimiz için birbirimize karşı insaflı olmak zorundayız. Hiçbir yanlış sözümüzün ve hareketimizin mazereti olamaz. Birbirimize karşı insaflı olmamız ve birbirimizin ayakta durmak için verdiğimiz mücadelemizi takdir etmemiz lazım.

Bazen aile bireylerimiz yanlış söz ve davranışlarda bulunsalar da bu zor süreçte, onların ayakta kalmak için verdikleri mücadeleyi fark etmeli, tebrik etmeli ve takdir etmeliyiz. Onlar da bizdeki güzellikleri fark edip, takdir edebilsin. Ailemizde böyle bir kültür gelişebilsin. Bir kültürün gelişmesi her yapıda çok önemli. Organizasyonlarda, toplumlarda ve ailelerde de çok önemlidir. Birisinin başlatması ve ısrarla devam etmesi gerekir ki bu durum bir kültür haline gelebilsin.

Kaynaklar

Cosley, B. J., McCoy, S. K., Saslow, L. R., & Epel, E. S. (2010). Is compassion for others stress buffering? Consequences of compassion and social support for physiological reactivity to stress. Journal of Experimental Social Psychology, 46(5), 816-823.

Disalvo, D. (2009). Forget Survival of the Fittest. scientific american mind, 20(5), 18-19.

Kok, B. E., & Fredrickson, B. L. (2010). Upward spirals of the heart: Autonomic flexibility, as indexed by vagal tone, reciprocally and prospectively predicts positive emotions and social connectedness. Biological psychology, 85(3), 432-436.

Ozawa-de Silva, B., & Dodson-Lavelle, B. (2011). An education of heart and mind: Practical and theoretical issues in teaching cognitive-based compassion training to children. Practical Matters, 4(4), 1-28.

Seppala, E., Rossomando, T., & Doty, J. R. (2013). Social connection and compassion: Important predictors of health and well-being. Social Research: An International Quarterly, 80(2), 411-430.

Zessin, U., Dickhäuser, O., & Garbade, S. (2015). The relationship between self-compassion and well-being: A meta-analysis. Applied Psychology: Health and Well-Being, 7(3), 340-364.

NOTLAR